鳳毛麟角

曹長青

與父母兄弟

《中國青年報》1980年
報導曹長青寫詩的成就

1980年在哈爾濱工人文化宮演講「象徵
派詩歌」

曹長青出國後不久便被中共列入黑名單無法回國。2006年終於在香港與父母及三個弟弟相聚。這是他與父母的最後一面

曹長青感激父親給他誠實、母親給他耿直的教育和遺傳。沒能回去跟父母最后告別是他永遠的痛！

曹長青1988年初抵香港，和日本共同社、產經新聞等日本記者朋友相聚。

張學良1991年被李登輝批准赴美。曹長青和劉賓雁等東北老鄉在紐約與張學良交談近3小時。

張學良向曹長青證實九一八事變時蔣介石沒有不抵抗（日軍）的手諭

曹長青、劉曉波、呂貴品在方勵之家中合影

曹長青和中國知名作家劉賓雁亦師亦友，1986年黑龍江大學校慶時
分別被聘為兼職講師和教授

黑龍江大學中文系副主任周艾若是毛澤東的中宣部長周揚的長子，
但思想與父親截然相反。在校方整肅曹長青時，他多次幫自己的學
生過關，被曹長青視為恩師。周艾若2003年訪美時在紐約曹長青家
中相聚

曹長青和妻子康尼1994年在紐約採訪達賴喇嘛，是中國人首次採訪這位西藏精神領袖。

曹長青在印度採訪時和西藏小和尚在一起

柏林牆被推倒之際，曹長青在柏林牆通口。

1999年，曹長青是唯一在科索沃戰爭時採訪難民的華人記者。

台灣紀行

曹長青非常推崇殷海光的精神,在台北參觀殷海光故居。

2004年李登輝在台北出席曹長青新書發表會,台獨聯盟主席
黃昭堂致辭

李登輝授權曹長青和妻子康尼寫他的最後一本傳記。這是他倆在李登輝家裡採訪。後因曹長青對李登輝有批評,傳記沒寫完。

曹長青每次赴台都會去拜訪他敬佩的彭明敏教授。2018年在彭明敏家。左一吳澧培資政,左二前台灣民主基金會執行長楊黃美幸,左三知名媒體人彭文正,後右一彭明敏秘書吳慧蘭,右一曹長青妻子康尼。

視訊連線 獨立評論員
曹長青

國父誕辰紀念日什麼
怕什麼? 川普台灣唯一募款餐會 名單保密到家!

曹長青參加彭文正、李晶玉主持的台灣收視率最高的《政經看民視》政論節目。

曹長青對彭明敏的獨立人格和理念追求非常推崇。2018年在彭明敏家。

曹長青和台灣政論家金恆煒、彭文正在台灣巡迴演講

曹長青和妻子康尼抵達美國，終獲自由

2012年曹長青在邁阿密與友人家的愛犬

2012年曹長青和妻子康尼在邁阿密朋友家中

2014年曹長青和妻子康尼在拉斯維加斯

曹長青被稱為「最親美的華人」

鳳毛麟角曹長青

喻智官／著

一切特立獨行的人格都意味著強大。

—— 加繆

知音見采，遍唱陽春

—— 寫在前面的話

　　在為私情私利互相吹捧蔚然成風；為精神契合真誠激賞罕有稀缺的社會，在正文前解釋幾句並非多餘。

　　曹長青是誰？海外華人對他並不陌生，在台灣則是盡人皆知；說他「鳳毛麟角」，也僅限於海外華人異議群體。當然，即使在這個群體中，以文化學術成就論，他沒有等身著作或提出過獨到新說；在爭取民主決絕反共的戰場上，他也算不上衝鋒陷陣的鬥士，更無囹圄生涯當英雄的踐歷。也就是說，他只是異議群體中平凡的一員。而他的不平凡處，就是從青年時代起，四十年一以貫之地不為名利所羈，不憚名譽所毀地追求事實真相，因事實真相是釐清是非探索真理的前提，這就是他的鳳毛麟角之所在，也是我寫他的緣由。

　　概括說，曹長青的鳳毛麟角非但不深奧不複雜，還可說很單純，甚至單純到「幼稚」，就像他在許多文章中反復引用的「皇帝的新衣」，推讚那個挑破皇帝裸體把戲的孩子。他所做的就是摹仿那個孩子，勇於揭下大大小小「皇

帝」的假面。難得的是，他二十七歲時甘當純真無邪的孩兒，年近七十歲仍一如暴昔的童心未泯。記得他在紀念王若望的一文中感慨，七十多歲的王若望最令他激賞的就是「老頑童」個性，遇事無城府，對人不算計，那是中國人最珍貴的品行。如今他也到了這個年紀，此言可代作他的自畫像。

道破類似皇帝新裝的騙局，需要的是常識而非奧理。所以，曹長青提供給讀者最多的，就是普及常識常理。有一陣，作為一個文學愛好者，我看他的有些政論文章，不飾文采地臚列一、二、三、四⋯⋯還有點不以為然。然而，當我在條分縷析合乎邏輯的一、二、三、四中看到樸素的常識，以及常識中直指肯綮，並不乏洞見的觀點時，我反而覺得有一種大道至簡的明晰精闢，對普羅大眾的讀者來說更是如此。

回顧中國百年來一朝不如一朝的可悲歷史，尤其是被中共篡權的慘痛教訓，就是中國人特別是有話語權的知識人沒把握常識，不循常理常情行事，或受制於冬烘昏聵的思維；或為所謂的理想主義；或為一己一（小）黨私利，被中共忽悠上當受騙，造成貽害中國人七十多年還不知何時終結的無窮後患。

不惟中國，整個世界尤其是西方民主國家，自蘇聯解體冷戰結束以來，在無良政客的煽誘下，愈來愈多的選民遠離常識，在內政上，加碼不合國情的福利政策，否定歐美的立國傳統和保守主義，無原則地鼓噪自由主義和多元文化；

在國際上，無視民主和獨裁政體的勢不兩立，罔顧中國民眾的人權，與中共在政治上和平共處，在經濟上合作共贏，所謂共處和共贏的實質是綏靖和勾兌。結果，西方民主社會節節倒退，各種矛盾弊端積重難返，似乎需要重來一次回歸常識常理的啓蒙。

一七七六年美國人托馬斯・潘恩寫了一本小冊子《常識》，系統論證北美洲十三個英國殖民地獨立的合理性和必要性，徹底改變了當時美國保守派的態度，為美國獨立奠定了理論基礎。

斯時斯刻，話說曹長青推崇的常識常理，於陷入價值觀混亂的中國人定有啓發意義。

然而，在性情中人難覓的世風下，不免有人叵測生疑，你和曹長青是啥關係，為何要作文嘉許宣揚他？

按目下世俗的交友標準衡量，我和曹長青可以說啥關係也不是。曹長青寫了文章向他的特定讀者群發佈，我只是其中一員，看到有共鳴的點贊幾句。同時，我也把自己寫的東西發給他，遇有他認同的話題也復函簡評。至今我們緣慳一面，僅有的一次通電話，是他詢問有關肺疾的醫學問題。這就是我們交往的全部，在通俗定義上交情很淺，連朋友也算不上。

雖然我們連朋友也算不上，但彼此惺惺相惜，神交很久也很深。

三十年前，我訂閱香港政論雜誌《爭鳴》，常讀到曹長青的文章，他觀點犀利的文風引起我的注意。記得他有篇

文章〈張學良糊塗死了〉，快人快語地指斥張學良發動西安事變，自己成千古罪人仍不思懺悔，讀來暢酣過癮。

　　十年前，我寫了一本人物傳記《獨一無二的反叛者——王若望》。儘管王若望被鄧小平「敕封」為「資產階級自由化的老祖宗」，是中共老革命中反叛最決絕、最徹底者，也難免有人存疑「獨一無二」的定論。然而，《自由亞洲電台》記者為介紹此書採訪曹長青，問他用「獨一無二」評價王若望是否恰如其分，他以自己與王若望的交往為據，毫不含糊地表示贊同，予我心有靈犀幸得知音感。

　　在網路盛行的時代，曹長青以記者的靈敏，抓住國內外發生的熱點事件，追蹤濾析，寫了大量文章。遇到有重大爭議的大是大非命題，他立場鮮明直抒胸臆，即使面對同一陣營的人，也不瞻前顧後、畏首畏尾，為此不惜得罪人。

　　事實上，在許多人事的爭議中，我與曹長青完全同感，也常有一吐為快的衝動，卻止於患得患失，怕一旦捲入，得花時間糾纏，更怵於與毫不相干的人引發「私怨」，因之緘口不言。己所不能，更加感佩曹長青，暗下為他的剛正不阿擊掌，為他的毫不留情叫好。

　　多年來，每見曹長青的時評與我的觀感不約而同，我便在心領神會中寬慰自己的隱忍不發，並不無解嘲地（自）志得意滿，「我就做曹長青在水中的倒影吧！」所以，是次作文，就是通過寫曹長青讓自己浮出水面，以期「借他人的

酒杯，澆自己的塊壘」。

　是為序。

目次

弄潮兒在濤頭立

一

　　我籌畫記敘的是曹長青的事功，看他自己的簡述，腦屏旋即彈出拙作《福民公寓》的開場白：「我們這輩文革過來人，誰沒有一本向人傾訴的故事。」

　　只要說曹長青的父親是右派，那麼，他過著怎樣的童年生活也就不難想像。一九五七年，他四歲，他家雪上加霜遭第二次劫難。

　　第一次發生在一九四八年。看過謳歌東北土改小說《暴風驟雨》的，可以從反面讀出東北土改的兇殘，曹長青家的境遇就是一例。

　　早年，村裏一個痞子少年偷他大伯家樹上的果子，被他大伯逮住訓斥並挨了耳光。土改興起後，已成人的痞子當上農會主任，一旦大權在握就對他大伯實施報復，組織人把他大伯毆打致死。最獰惡的是，農會連他的伯母也不放過，用鞭子把他伯母抽得渾身是傷。

　　孩提時的曹長青第一次看到伯母身上的鞭痕，嚇得不敢走近她，驚恐中他受到共產黨最早的「開蒙教育」。

　　曹長青大伯死後，父親擔起撫養遺孀和獨子的責任。父親原為縣統計局副局長，成為右派後被下放。曹長青還有三個弟弟，加伯母堂哥全家八口人，全靠做售貨員的母親的微薄收入過活。

　　東北嚴寒，家家靠燃煤取暖過冬，家裏沒錢買足夠的煤就去撿煤渣。附近的電廠定期用小火車卸煤灰，到時，他們全家出動，帶著鐵鍬、大篩子、籮筐等工具去瘋搶，同時湧去的有幾十上百人。把裝入筐的煤灰運到旁邊的一方地上，插上曹家李家的牌子，然後一鍬鍬往豎起的大篩子上倒煤灰，先篩出顆粒，再從中找出沒完全燃燒的黑色煤核。人人爭搶，家家快篩，現場黑灰飛騰，漫天混沌，作業者很快成滿身滿臉塗墨的黑人，連自家人都辨認不出，只聽見孩子喊爹叫娘，父母喚兒呼女的聲音。在富人看來可憐苦澀的情景，卻是他們最快樂的時刻，因全家禦寒過冬的燃料有著落了。

　　家裏不僅煤不足，糧食也短缺。附近的深山老林有可食的野蘑菇，少年時代的曹長青常帶著弟弟去採摘，常常又餓又累到頭昏眼花，靠吃地上的殘雪維持體力。有一次迷路，差點凍死在山裏。

　　曹長青父親一生在社會底層受辱掙扎，卻不改敦厚純實的素心，不阿世苟合投機取巧，留給他為人行事的準則，也留給他一個疑問，本分良善的父親為何成為右派階級敵人？母親粗通文墨擅言剛烈，遇不平事敢於直言，因罵江青險些被抓，是他面對奸惡勇於挺身的榜樣。父母的品行滋養

了他的性格，艱辛的生活激發他去尋找問題的根源。

　　然而，長知識的年齡趕上文革，古今中外的書籍幾乎都被封禁，想看書的人只能私下偷偷傳閱，借到一本必須一兩天內搶讀完。曹長青找到一本算一本地吞食，恰如在煤灰中篩出有用的煤粒。

　　一九七一年曹長青中學畢業，文革中停止高考（升大學考試），他被分到精神病院圖書館。工作期間，他結識了吉林大學中文系學生詩人謝文利。謝因參加過造反派，畢業時被下放工廠當工人，曹長青受他影響開始寫詩，並被黑龍江省的報刊採用。

　　一九七六年北京發生「四五天安門事件」，曹長青從謝文利那裏得到消息後在醫院傳播。事後領導追查謠言，他唬弄對付蒙混過關，沒交代出賣謝文利。

　　曹長青第一次經受住人格和靈魂的考驗。

二

　　曹長青跨過人生第一道坎壈，中國也在一九七六年死裏逃生，翻過罄竹難書的文革浩劫這一頁。次年，中國恢復高考，他考入黑龍江大學中文系，贏來命運的轉機。

　　一九八○年代是瀕死人醒過來的歲月，能上大學的是第一批恢復活力的人，其中文科生最是龍騰虎躍，他們饑渴地嗜讀解禁後重印的文史哲書籍。曹長青也磨穿鐵硯地撲在書上，曾是高層內參灰皮書的讀物尤其吸引他。愛倫堡的

《人‧歲月‧生活》、《史達林女兒的20封信》,吉拉斯的《新階級》等書揭示的蘇聯東歐眞相震撼了他,聯繫自己兒時的苦難體味,再看自己所在縣城的暗無天日,底層人民的水深火熱,他眞切認識到以社會主義名義實行極權統治的本質,開始產生不滿社會的異見。

不過,曹長青首先想成爲詩人。所以,在學期間,他一邊飽閱校圖書館的中文詩集,一邊繼續寫詩發表在報刊,並以此加入黑龍江作家協會和(搞理論研究的)省文學學會,成爲協會僅有的兩名學生會員之一,後來還與詩人謝文利合寫了《詩的技巧》一書。

一九七八年,全國反思文革倡導自由,大學校園得風氣之先,曹長青在中文系組織成立「大路文學社」,並被推舉爲社長。文學社吸引了眾多有志寫作的同學,如今蜚聲中美的旅美英語作家哈金(本名金雪飛)也從外文系加入。「大路文學社」不僅在黑龍江大學歷史上,在整個黑龍江省高等院校中也是第一個。

然而,曹長青追求的不是象牙塔中的「純」文學,他在文學社的宗旨中寫上「文學要大膽干預生活」,引發文學與現實關係的辯論。有文學社員憂懼地表示反對,他斷然反問:「怎麼不能?」他不僅敢說,還敢做。劉賓雁就是以「文學要大膽干預生活」而聞名,他來哈爾濱收集寫報告文學〈人妖之間〉材料,不受官方待見。曹長青卻毫不避嫌,天天去劉賓雁下榻的賓館討教,還邀請他在「大路文學社」搞了一個小型座談。

　　終究是剛解凍的社會，大路社的各種活動在黑龍江高校引來凝注，有關方面點名文學社過於「自由化」，有「非法組織」的傾向。時任黑龍江省委書記楊易辰為此來黑龍江大學調研，把社長曹長青等人叫去彙報。曹長青從思想解放和教學改革的角度，陳述了建立社團的積極意義，說服了楊易辰和校領導，大路社才得以倖存。

　　那年月，曹長青滿是「天生我才必有用」的豪情，大有時不我待地的緊迫感，他不甘守著偏僻的東北，便與黑龍江省團委所屬雜誌《黑龍江青年》的主編王津永協定，他去北京等地採訪文學名家，雜誌如刊用就支付他交通費。於是，他多次往返北京，採訪了楊沫、浩然、劉紹棠、廖沫沙、臧克家等著名人物，還藉機結識了北島、多多、芒克等新銳詩人及他們編辦的文學小冊子《今天》。他特別關注北京民主牆的情況，主動找民運人士徐文立和政論刊物《探索》編輯路林，從他那裏拿了一摞「魏京生法庭辯護詞」帶回東北。

　　曹長青利用假期第二次去北京採訪，回哈爾濱途中路過長春，去吉林大學看朋友，晚上就住在中文系的宿舍。東北資訊閉塞，關心政治的大學生迫切想瞭解北京的動向。他亢奮地跟他們講西單民主牆情況，向他們散發「魏京生法庭辯護詞」，還和徐敬亞、劉曉波等人通宵達旦地高談闊論。

　　大學畢業時，曹長青因三椿罪被留校反省三個月。

　　第一椿就是他在徐敬亞宿舍時，同室的一個人偷偷記錄他們的談話，告到吉大黨委，再轉到吉林省公安廳，最後

轉到黑龍江省公安廳。同時，因徐文立被捕，從他家中搜出曹長青的信，其中有「你在北京有難，可逃到東北，我有地方藏你」的話。黑龍江公安廳追查到黑龍江大學，要求他坦白交代。

第二樁，他去牡丹江看望一個青年作家，兩人在旅館聊起黑龍江大學文學社團，難免探討政治問題。不料同房一個寢而不寐的旅客，也向公安密告了他們交談的內容。

第三樁，他組織的文學社團也會在宿舍談論時局，也是同室的一個同學爲表功向「組織」告密。

他被一遍遍要求回憶說過的話，四年裏在宿舍隨便說過的話怎能都記住？幸得中文系副主任周艾若相助他，才勉強「過關」……

三次被告密受審，讓他一次次實感社會的壓抑，反省期間他忍不住吼出不屈的心聲〈我是……〉：

　　我是註定要被踐踏的路
　　我不發出呻吟
　　只用沉默把希望的車轍托向遠方

　　我是黑雲擠壓的天空
　　閃電抽不死我
　　緊咬的牙齒吐出雷的回答

　　我是寒冬撕裂的土地

僵硬的板結裏
緊摟著一棵翠綠的追求

我是洪水淹沒的河岸
在浮腫的軀體中
計算著陽光撫摸的日子

我是火山震不塌的穿越世紀的信風
我是暴雨淹不滅的支撐宇宙的星星
過去和現在的兩只手扼不死我

我是含著微笑的未來

　　未來還遙遠，眼下是沒有著落的畢業分配。
　　《中國青年報》和《黑龍江日報》都介紹過曹長青的
詩作和詩歌理論，《詩刊》點名要他，時值清除精神污染運
動，校方定性他是資產階級自由化份子，不同意他去北京。
他與《光明日報》駐黑龍江記者站長王恩榮合寫過報導，王
恩榮認可他的才華，推薦他去記者站工作。他還到北京光明
日報總社通過了新聞寫作考試和面試，結果也過不了黑龍江
省委的關。最後，校領導把他「下放」到邊陲小鎮黑河──
著名中俄〈璦琿條約〉簽署地，多虧中文系幾位資深教授聯
名爭取，才得以「折中」分到省衛生廳的《衛生報》，留在
哈爾濱。

這是曹長青第一次爲追求自由付出的代價。

三

曹長青在《衛生報》工作，如同鴻鵠蜷縮在雀窩，無時不感到憋屈。就在他決意離開死水一潭的極東北的哈爾濱時，極東南的深圳在向他「招手」。

一九八〇年代初，深圳成爲全國第一個經濟特區，吸引了各地不甘平庸的年輕人，當時的赴深圳熱不亞於後來的出國熱。

一九八四年二月，暨南大學中文系畢業生劉紅軍等幾位年輕人創辦《深圳青年報》，曹長青去毛遂自薦，同年夏天調入報社。他從記者做起，上大學時採訪名人的經驗使他駕輕就熟，很快從記者做到總編輯助理、副總編輯。

《深圳青年報》按自己的辦刊方針，無論在文學還是政治問題上都充當先鋒，大放自由花（化）。

一九八六年，曹長青說服總編劉紅軍，同意副刊編輯、詩人徐敬亞、呂貴品的主張，舉辦「中國詩壇一九八六現代詩群體大展」。那年頭，年輕人中，文學是火，詩歌是烈焰。詩歌在內容上衝破禁區吶喊反叛，在形式上突破傳統朦朧新奇，人氣爆棚。報社從全國徵集詩作，用五個版面登載，張揚詩壇。文壇「黑馬」劉曉波的成名作〈新時期文學面臨危機〉，是一次學術會議上的即興講演，因觀點新穎言辭狂放，全面否定鄧小平時代的所謂新時期文學，沒報刊敢

發，在曹長青的力主下，《深圳青年報》排除阻力刊出。

當時，組建獨立社團的形式是對現存制度的一種挑戰，曹長青發起成立「深圳青年詩人協會」。同時，由於《深圳青年報》成為當地新思想的集散地，他順勢組織「深圳思想俱樂部」，彙集一批熱忱探討新思想的年輕人，比大路社更前衛，定期舉行各種研討會，還邀請引領全國新思想的中國科技大學副校長方勵之等人來演講。

《深圳青年報》最吸引人的，是刊發突破禁區的政論文章。例如：上海著名作家王若望的〈一黨專政導致蠻橫〉，挑戰共產黨的獨裁體制；方勵之的〈政治體制改革的關鍵是一黨制還是多黨制〉，強調只有打破一黨專制，實現由人民投票選擇的多黨競爭制度，中國才會有希望；著名改革派記者、全國作協副主席劉賓雁的〈中國一直在進行著一場無聲的充滿血和淚的大辯論──與深圳青年報記者談中國改革大趨勢〉：「報紙沒有批評是最大的不真實。有多大程度的公開，就有多大程度的民主。⋯⋯解放後的自由不是擴大而是在縮小。」其他文章僅從標題就可見其「出格」：上海《世界經濟導報》總編輯欽本立的〈要淡化黨的權力觀念〉；法學家于浩成的〈政治不公開，人民無法參政也無法監督〉；思想開放的《人民日報》副總編輯王若水的〈把民主和人權的吶喊推向更高層次〉等，都是振聾發聵之聲。

最聳人的是工程師王明濂一文：〈中國：還需推翻三座大山〉，這三座大山是：史達林模式的社會主義；一九五七年後的毛澤東言論；變相的一國兩制（官員工資比

知識份子高）。如此石破天驚的表述，被指只該出現在台灣報紙，大陸其他報刊都不敢刊登，但《深圳青年報》就敢接手，曹長青就敢簽發。

一九八六年九月，鄧小平接受美國記者華萊士採訪時被問到：一九八○年你接受義大利記者法拉奇採訪時說要退休，怎麼六年過去了還沒有退呀？鄧小平回答說，「我坦率地告訴你，我正在說服人們，我明年在黨的十三大時就退下來。到現在爲止，我遇到的都是一片反對聲。」《羊城晚報》的總編許實以「微因」筆名短評，〈鄧小平，你再留一下！〉深圳大學教師錢超英反對，〈「我贊成小平退休——與微因同志商榷」〉，《深圳青年報》刊發在頭版頭條。該文認爲：要警惕再一次陷入從崇敬到崇拜的悲劇性輪迴，應該把鄧小平退休當作國家最高領導體制改革的開端和契機，確立國家興衰不取決個別領導去留的制度。

文章一出如扔一個炸彈，在全國形成巨大的震盪。報紙在深圳各零售處被一搶而光，武漢大學等高校學生把這期報紙張貼到校園注目處。

曹長青進入報社後用十二個筆名寫新聞報導、社論、專論，文學評論、雜談等文章。這次他再添一把火，寫〈本報「我贊成小平同志退休」一文引起強烈反響〉，也刊登在頭版頭條，並配發〈人民有議論領袖的權利〉的評論。

多年後，中國社科院政治學研究所所長、因參加八九民運而流亡海外的學者嚴家祺憶及親歷的中央處理事件的內幕。

　　一九八六年十一月八日下午，由鄧小平提出成立的「中央政治體制改革研討小組」在國務院第二會議室開會。會前幾分鐘，中央書記處書記彭沖興致勃勃地談起《深圳青年報》的文章〈我贊成小平同志退休〉，說該文發表後反響很大。中共元老薄一波猛然發飆，繃著臉氣沖沖地大聲說，「怎麼能發表這樣的文章？要追查！」召集人趙紫陽總理到會後，薄一波要趙紫陽處理《深圳青年報》事件，說「《深圳青年報》膽子不小，民主也是有界限的，不能那樣自由地提問題，要服從共產黨的領導」。

　　鄧小平嘴上表態「願意」是言不由衷擺姿態，「政治改革」是改別人，改到他頭上就是圖謀不軌，哪怕議論也是僭越忤逆。恰逢「反對資產階級自由化」運動，中共總書記胡耀邦被迫辭職，方勵之、劉賓雁、王若望被鄧小平欽定為自由化份子遭開除黨籍。中宣部派工作組接管《深圳青年報》報社，迫使總編輯劉紅軍、副總編輯曹長青及理論版責任編輯張敏毅三人停職檢查。

　　因曹長青在報導中提到，「市府主要領導看了文章後，也認為寫得好，應該發表。」於是，工作組要他交代，是哪位市府領導？這又是一次「出賣」與否的考驗。他機靈地謊稱，是在市委食堂聽人說的，決不提向他轉達市委書記李灝看法的李秘書，保護了李灝。

　　鄧小平爪牙懷疑文章與胡耀邦兒子胡德平有關，目的是逼退鄧小平由胡耀邦搶班奪權。碰巧曹長青曾去武漢參加《青年論壇》主辦的會議，而胡德平是該刊顧問，所以要他

交代和胡德平如何「密謀」。工作組說，只要他供認是胡德平指使，就免受處分並安排到廣東省委宣傳部工作。他跟胡德平沒有任何交往，不能賣「友」求榮陷害胡德平，他第三次經受住良心的考驗。

　　曹長青看到世事的巇嶮及爭取自由之路的迤邐，便借爲美國畫家的一幅作品配詩剖白胸宇：

——尋找自由

用了整整幾十年
你在一堵鐵幕上尋找門窗

尋找風，聲音
和那縷璀燦的陽光

你的世界是一只火柴盒
每一次醒來都是一堵堵黑牆

屬於你的只有破碎的夢
夢中才飛翔鳥語花香

終於在一個早晨你想通了
所有的門窗都在刀尖上

人，不能總是靠等待

一百次憧憬不如一次偉大的反抗

再黑的牆也抵不住淬火的覺醒
刀刃割出一片自由的歌唱

當有一天黑牆轟塌成滴血的歷史
你化作一條道路流向遠方

　　他相信遼遙的遠方，但得先越過腳下這道命定的關隘。

　　儘管審查不出任何黑手，《深圳青年報》還是被勒令停刊，幾十名編輯記者遭遣散，出版僅三年，發行量達十六萬份，已成為大陸最敢言的報紙，最後為言論自由死於專政魔掌。曹長青因「不合作」受到嚴懲，不許回新聞單位。

　　《光明日報》駐深圳記者站站長吳曉民，與曹長青合寫過多篇新聞報導，便商調曹長青去記者站做商務經理，但被深圳市委阻止。深圳大學羅征啟校長願意接受他去教比較文學，又被深圳市委領導攔下，說他去大學容易引起學潮，去新聞界和學界的路都被堵死。最終，為〈我贊成小平同志退休〉一文，八十三歲的鄧小平沒退休，三十三歲的曹長青被迫「退休」，只能自己找了一家小企業度日。

　　在《深圳青年報》興旺時期，報紙發了不少批一黨專制的文章不僅沒事，還得到市委領導的支持，曹長青樂觀地寄望，隨著言論環境的寬鬆寬容，政治變革即將到來。但

《青年報》的無疾而終讓他明白，黨對宣傳工具的控制牢不可破，在有限的範圍內可以打打擦邊球，但明確反黨反體制的，遲早被掐滅。

曹長青無法當記者，也不能進高校當教師，便決定出國。但拿到美國大學錄取通知書後，如他擔憂的，去公安局辦護照時遭拒，因他是內控對象。有內部朋友通告，公安懷疑他是海外民運組織「中國民聯」在深圳的聯絡員。幸遇東北老鄉深圳畫院院長楊沙出手襄助，他用深圳市委領導喜歡的一幅畫爲曹長青說情，通過「後門」才拿到護照。

一九八八年的一天，曹長青跨越——那座通向世界的——羅湖橋，這裏是奴役和忍辱與自由和尊嚴的分界線。他走向海關通道，背後是噙淚向他不停揮手的父親，他不敢回頭，帶著離國別家的悵惘，帶著期待自由的緊張激動走向另一端的香港，二十多米，他走了很久很久……

也許是自由來得太艱難，太不容易，當它眞的來臨時，他有點不相信。當晚，走在香港街頭，他一遍遍自問，「眞的自由了？」夜風，是涼爽的；街燈，是燦爛的；空氣，是濕潤而甘甜的。他漫無目的地來回走，一直走到子時。他很想看到一個朋友，一張熟悉的面孔，讓他們分享他獲得自由的興奮。可惜沒有，他只能對著賣水果蔬菜的小販和陌生人，在內心裏地向他們呼喊：「我自由了！自由了！」

敢為人先惟本色

一

自由了！美國！全世界最自由的土地。第一次！曹長青聽到警車在街上呼嘯而過時泰然自若，因鳴笛聲與他無關。

他在美國安定下來不久，八九民運就在國內興起。基於對共產黨本質的認知，五月二十五日他在紐約《世界日報》斷言，「自由正推倒中國的城牆」，但中共的暴虐本質決定它會血腥鎮壓。

九天後，一切如他所預兆的，中共在北京大開殺戒。

六四屠城後不久，為突破中共的新聞封鎖，向中國民眾報導真相，也為實現在國內的夢想，辦一份言無禁忌的報紙，曹長青和在中國也做新聞工作的幾個人在洛杉磯創辦《新聞自由導報》，他任總編輯。

一九九○年二月，曹長青受邀去紐約哥倫比亞大學做訪問學者而離開《導報》。一九九一年，他又受邀去夏威夷「東西方中心」新聞和傳播研究所當客座研究員。一九九二年春，他被哥倫比亞大學政治系錄取攻讀博士學位，但因沒

有拿到獎學金而放棄。從此以寫作爲業。

一九九四年，達賴喇嘛訪問紐約，曹長青和正在哥倫比亞大學新聞學院讀碩士的妻子康尼決定前去探訪。

曹長青的前半生陷於中國，也難免受中共洗腦困蒙，爲清除有關藏獨和達賴喇嘛的先入爲主觀念，讓自己的思維初始化，謁見達賴喇嘛前，曹長青與康尼去圖書館查閱有關西藏的中、英文書籍。

不查不知道，一查驚一跳，他們「發現」原來西藏自古以來就不是中國的一部分！歷史上西藏是一個獨立的國家，有一段時間，甚至佔領長安並迫使唐朝簽訂協議，還立碑承諾彼此不再侵犯，如今石碑還豎在那裏作見證。

採訪達賴喇嘛使曹長青對西藏問題產生了全新的認識。事後，他寫了一萬多字專訪刊登在紐約《世界日報》，又在《中國之春》發表〈獨立：西藏人民的權利〉的長文。那是華人世界第一次詳細介紹達賴喇嘛和西藏問題。他在文末說，中國是一個被帝國主義欺負過的國家，如今，十三億人欺負一個只有六百萬人口的民族，中國人應該懺悔，你沉默而不阻止也是一種參與！

曹長青是第一個公開支持藏獨的漢人知識份子，也就成了眾矢之的。

一九九四年，曹長青與幾位民運人士共度聖誕。大家爭議他的文章，有人憋了一肚子火，搶著話頭與他爭辯，好像開他的批鬥會。曹長青問他們，是否看過美國人、歐洲人、藏人哪怕中國官方寫的關於西藏的書？他們都說沒有！

曹長青說，你們什麼都沒看就批駁我？難怪藏人旦真洛布在
接受他採訪時說，「當我與天安門的學生領袖們談起六四屠
殺時，我們一起譴責北京政權，但當我提起西藏問題時，他
們馬上又附和起中國政府。他們爭取的哪一門子的民主自
由……」若中國民主運動的領導人和知識份子一面主張民主
自由，一面支持剝奪藏人權利和自由，說明他們追求的絕不
是真正的自由和民主，而是對自由和民主的褻瀆。

　　幾年後，曹長青探訪達賴喇嘛流亡地印度達蘭薩拉，
在那兒呆了好多天。達賴喇嘛身邊的一個秘書對曹長青說，
「我們和國民黨打交道，他們騙我們，和共產黨打交道，還
是騙我們，我對中國人絕望了。直到看了你的文章，接觸了
你，才燃起了我對中國人的希望……」

　　曹長青坐兩天一夜火車加七、八個小時汽車去印度南
方的藏人難民營。當地藏人婦女協會幾十個人接受他採訪，
她們哭成一片，說他是她們見到的唯一的一個中國記者……
曹長青也忍不住淚眼盈盈。他深深地感到，當中國人作為群
體去欺凌他族人時，作為一個中國人，他連帶負疚。他還
「自私」地想到，若干年後，有人寫這段歷史時，總得提到
十三億人中還有不乏人性的人，從這一點說，他應該承擔一
份道德責任，所以他強調自己是中國人。

　　從達蘭薩拉回美後，曹長青又寫了二十多篇系列報導
和評論，告訴世人西藏的苦難，批判中共對西藏的殖民統
治，支持西藏人民的選擇權。

　　在如何解決西藏問題上，曹長青甚至比達賴喇嘛走得

還遠。出於現實的考慮，達賴喇嘛主張走西藏自治的中間道
路，但曹長青認爲，與專制政府謀求民主就像在沙漠求綠
洲，這條路是走不通的。他認爲應該堅持兩個原則：第一，
歷史眞實的原則，西藏自古不是中國不可分割的一部分；第
二，尊重西藏人民選擇權利的原則：西藏的問題，不僅僅是
宗教、文化和環境保護問題，而是一個國家的存亡問題。即
使備受藏人愛戴的達賴喇嘛和流亡政府都同意中間道路，也
不能代表西藏境內六百萬藏人的意願。

　　後來達賴喇嘛再見曹長青時說，「太有意思了，達賴
喇嘛主張西藏是中國的一部分，而你這個中國人卻主張西藏
獨立。」曹長青說出了國內藏人心願，近年，藏人爲實現自
己的理想，僅自焚而死的就多達一百多人。

　　曹長青的努力沒有徒勞，二十多年過去，他的敢爲人
先得到愈來愈多的海外華人認同，如今，在民運和異議人士
中，支持藏人獨立的權利已是基本共識。

二

　　在中共設定的戰略警戒中，支持藏獨就是進它的禁
地，支持台獨等於入禁地去踩雷。

　　幾年前，台灣有一檔人氣很高的政論節目《政經看民
視》，裏面天天出現口沫飛濺的舌戰，其中最具爭議的是
「台灣是否有尋求獨立的權利」？

　　否定方說，「中華民國在台灣，台灣已經是一個國家

了，不必再『鬧獨立』。」

肯定方說，「你那個中華民國秋海棠地圖還包括外蒙古，早已失實，是自欺欺人的存在！台灣應走美國式的獨立建國路！」

「按你的意思台灣宣佈獨立，讓中國（中共）來打台灣？美國離英國遠，所以能獨成，而台灣離中國那麼近，怎麼可能？」

「東蒂汶距離印尼不是很近嗎，怎麼獨成了？」

「難道讓台灣人為獨立戰死幾百萬？」

「我強調的是台灣二千三百萬人的自決權，無論是獨立還是維持現狀，都應該由台灣人民公投決定！」

……

不熟悉這場景的人看了一定發懵。反對「台獨」的用想快也快不出的台式國語急辯，而支持「台獨」的卻用疾速連珠炮的大陸普通話咄咄逼人。怎麼台灣人「反台獨」，大陸人「鬧台獨」？真不知哪對哪？然而，觀眾沒看錯，反對獨立的是國民黨立委、教授之類的政論家，而支持台灣人有權「獨立」的是曹長青。

一九八九年底，台灣國民黨邀海外中國民運和異議人士訪台，曹長青作為一員第一次踏上中國一直想「解放」的寶島。期間，民進黨約他們見面「閒聊」，許多民運人士謝絕以示迴避「台獨」，曹長青卻毫無顧忌地和少數幾個人如約前往。有民進黨幹部問，如果你們民運人士將來在中國掌權，台灣人要獨立，你們打不打？曹長青回答，我不想從

政，更沒有想過當總統，但從理念而不是政治操作考慮，尊重台灣人民的選擇權，原則是絕不能用武力壓制。

一九九六年台灣全民直選總統，正式成為主權在民的民主國家。曹長青分享著台灣人的喜悅，與大陸擁有相同中華文化背景的台灣成功地向世界證明，中國人並不缺乏接受民主的素養，中共的「民主不適合中國人」的謬論被事實擊破。

此後的二十多年裏，曹長青不僅在台灣寫文章、演講、出場電視台的政論節目，還在美國的台灣人移民社區演講，其中一個中心議題就是，台灣必須「真實化」，就是脫去包含外蒙古的那頂中華民國的「大帽子」。繼續沿用治理中國大陸的一九四六年憲法，只能自欺卻不能欺人。實現真實化就要尊重二千三百萬台灣人的選擇權，包括要求獨立的權利。

積存中共治下三十多年奴役生活的閱歷，曹長青懂得，現存世界必須以是否自由民主來劃分，有關國家、土地、民族等概念都應服從這個原則，衡量是非對錯也只能以此為標準。民主台灣已是自由世界的一部分，也就是對抗獨裁專制國家的一部分，站在台灣一邊，就是站在自由世界一邊，站在對抗獨裁專制一邊。

三

中共一面窮兇極惡地防堵享受民主的台灣人獨立；

一面橫暴肆意地改變香港現狀，製造出原本不存在的「港獨」。

二〇二二年七月一日，香港在「萬人」空巷的（肅）殺氣中「慶祝」回歸二十五周年。

二十五年前，絕大多數港人不會想到會有這樣的今天！那時，他們喜滋滋地回歸祖國，樂觀地相信，按照〈中英聯合聲明〉和〈香港特別行政區基本法〉，香港「馬照跑、舞照跳」，五十年後，大陸經過半個世紀「香港化」，香港和大陸自然融合，也就水到渠成地一國一制了。

然而，曹長青卻別有一番滋味在心頭。

一九八〇年代中期，曹長青在深圳報社工作，香港近在咫尺，隔著一座羅湖橋，他能看到橋那邊的香港，但不能隨便跨過去。他聽過太多淒慘故事，多少人從蛇口海邊游到香港，不少人為此溺水而亡，香港曾是千千萬萬中國人夢想中的天堂。

一九九七年七月一日香港回歸時刻，曹長青在《開放》雜誌抒發〈告別自由〉的悲歎：

　　——從此以後，香港不再意味著自由。樸實的港人相信北京的承諾，「一國兩制」「五十年不變」，卻忘了翻看中共歷史上寫滿的四個字：言而無信。為了打倒國民黨，毛澤東在〈論聯合政府〉中承諾，勝利後和民主黨派建立聯合政府，實現民主憲政，奪取天下後實行的卻是無產階級專政；承諾允許西藏、新疆

和內蒙等其他民族「自治」，掌權後卻強行推動民族改造，不服就血腥鎮壓。再看從毛澤東的「反右」引蛇出洞，到鄧小平的六四屠城，都是墨寫的謊言掩蓋不了的血淋淋明證。

如今，慶祝香港回歸的鑼鼓鞭炮聲，混合著把六百萬港人驅趕進監獄鐵門的隆隆關閉聲，香港人在告別自由，這是令人無比心碎的事⋯⋯

六年後，曹長青從台灣去香港停留一周。再見被中共接管了六年的香港，其市容和社會秩序，人的文明禮貌程度，街道和餐廳的衛生等等不僅差於台灣，與十五年前他初識的香港也面目全非了。

二○一四年，日漸倒退的香港忍無可忍，離心離德的香港人爆發了雨傘革命，曹長青為之激昂呼籲：

──中國內地的朋友們，給香港的雨傘革命一份支持吧！你們一定記得一九八九年，香港人民給天安門民主運動巨大的精神和物質支持。此後二十五年，每到六四，維多利亞公園的幾萬支燭光，不僅溫暖著六四未亡人的心，也燃燒著自由世界對中國的希望。在中國，撐起一次雨傘，傳一張雨傘的照片，轉發一篇支持香港雨傘革命的文章吧！有一天，你可以問心無愧，在香港人民為爭取自由而奮鬥的時刻，我來過，和他們並肩過幾個小時，幾分鐘，在香港跋涉通

往自由的征途上，留過我的一個腳印……

雨傘革命最終還是被中共暴力鎮壓，不到二十五年，香港就提前與大陸一國一制了。

當年，香港民主黨主席大律師李柱銘，再悲觀都不會料到，二十五年後，他參與制定的基本法非但沒能兌現，他自己也成了「叛國亂港四人幫」的二號人物，被判入獄十一個月、緩刑兩年。

曹長青的預言得到了佐證，儘管他寧可自己的預言落空。

為何藏獨、台獨，還有捏造出的「港獨」，都得到曹長青的理解和支持？因他認同的，不是疆域和國家，社會和群體，而是看重個體的生命、個人的價值和自由。與十幾億巨無霸的漢族人相比，六百萬藏人、二千三百萬台灣人、八百萬港人是弱小的族群，但他們再弱小也不是可以隨便忽略的統計數字，而是一個個有血有肉的生命的集合體，他們與大漢族有同等生存的權利，而不是被任意宰割的禁臠。

天性中的不忍人之心令曹長青別無選擇，只能毫不猶豫地鼎力為被凌侮的荏弱民族和族群發聲。

火眼金睛識妖孽

一

在中共黨文化教育下長大的中國人，不僅在反「藏獨」「台獨」「港獨」的迷魂湯中喪失了理智，還在拋棄傳統道德觀念的腐蝕下丟掉了心智。

一九八〇、九〇年代出國的有些中國人，非但不虛心接受西方的文明教化，反而用在大陸學會的騙術回饋國人。其中有一類女性，她們以在海外生活的「逆襲成功」為賣點，用文字展露甚至「裸露」她們的奇遇或豔遇，吸引國內望梅（出國）止渴的年輕人，走捷徑牟財牟利，一躍成為「著名作家」。

一九九四年，一本《叫父親太沉重》的書聳動海外華人，作者艾蓓在美國留學，自稱是周恩來的私生女，全書講述周恩來如何與她母親安然偷情，生下她（小蕾）的故事。

事涉周恩來，當然非同小可，別說國內周恩來還高高地占著神壇，許多在國外的中國人還視他為偉人，連港台都不例外。如今一生無子的周恩來竟有一個私生女，那不是掀天大新聞？

　　書未出，海外兩名作家陳若曦和孔捷生經過「讀解」，就認定艾蓓是周恩來的私生女，爲艾蓓造勢，使書甫一上市就立即走紅。周恩來的「私生女」站出來，等於剝下他的畫皮，支撐中共門面的貞節牌坊倏然倒下，報紙的大小標題都是：「艾蓓剝開周恩來的『聖人』外衣」；「作者戳穿了周恩來的神話」；「《叫父親太沉重》破滅周的完美形象」⋯⋯

　　曹長青買來書，一看就斷定艾蓓在編故事。小時候，我們沒少聽聞周恩來種種軼事，其中一則就是周恩來戴著口罩坐公共汽車體察民情，艾蓓把它寫成周恩來去與她母親約會。所以，曹長青覺得《叫父親太沉重》太離譜，艾蓓不過是爲名利製造奇聞，起先並沒介入。

　　然而，許多異議和民運人士也一片叫好，只要對中共不利，不管眞假都值得傳揚，有一位民運領袖說，「至於艾蓓究竟是不是周恩來的女兒，其實也無關緊要了。是或不是，又怎樣？只要人們不再把周恩來當做聖人就好。」

　　曹長青忍不住了，多麼可怕的思維方式，可以不管眞假，只要能反共就叫好嗎？不是眞的，又怎能「戳破」、「揭露」和「剝開」周恩來的聖人外衣？周恩來爲虎作倀助毛澤東殘民，即使他沒有私生子，也絲毫不能證明他是什麼「聖人」。用有無婚外情來證明周恩來是不是「聖人」，不是說明中國人還沒走出蒙昧嗎？

　　曹長青以書中的敘述爲據，查實〈艾蓓冒充「周恩來的私生女」始末〉。

首先，《叫父親太沉重》以「自傳體小說」或「紀實性小說」推出，它的賣點就在「自傳體」和「紀實性」。然而，當各種疑問出來後，艾蓓改口稱《叫父親太沉重》是小說。但即使是純虛構的小說，也應該有文學真實，書中主人公的言行應符合時代場景和人物身份。所以，無論從「紀實」或「小說」的角度看，《叫父親太沉重》都是一本胡編濫造的書，其中漏洞百出的細節，一經推敲就支離破碎，具備常識的讀者不難明鑒真偽。

面對種種疑問，艾蓓還故弄玄虛地說，「我從來沒有被承認，還怕否認嗎？」

得知曹長青寫質疑書評，艾蓓不顧素昧平生給他打電話，連哭帶喊地解釋，「我從來沒在任何場合跟任何人說過我是周恩來的女兒，有人這樣說，我願和他到法庭對證」，曹長青便問，「你這樣反復解釋，是不是向我確認你不是周恩來的女兒？」艾蓓又說，「我不能確認。」曹長青再追問，「那你到底是不是周恩來的女兒呢？」艾蓓迴避說，「我憑什麼回答這個問題！」……

這是不回答的回答。

若真實告白自己是周恩來女兒的身世，應是一件莊重而哀傷的事，書寫風格應該是憂鬱而內斂的。但《叫父親太沉重》的作者，卻在書裏放了九十六幅扭怩作態的生活照，還配上文字：「迷離的身世，美麗的外表，特異的才情，組成了艾蓓不凡的特質和魅力」；「一個成熟女人的姿韻」；「浪漫得像阿拉伯的公主」。

曹長青問道，「作者用《花花公子》式裝潢添彩，是賣書還是賣人？這絕不是有自尊的作家所為，因為以此吸睛，等於貶低自己作品內涵的品質。」

艾蓓到底是不是周恩來的女兒？二十多年後的今天，《叫父親太沉重》的完結回答了曹長青，也回答了讀者。

二

艾蓓的《叫父親太沉重》因「塑造」了周恩來的情愛故事，成為帶政治色彩的「形而上」造假作品，而貝拉的《911生死婚禮——我的情愛自傳》，則是赤裸裸的形而下造假作品。

二〇〇一年九月十一日，美國紐約世貿大廈遭遇恐襲，三千多無辜人員犧牲，是震悚世界的曠世國殤。在事發一周年的前夕，無數美國人還沒走出悲傷，中國大陸卻出版了一部「小說」《911生死婚禮——我的情愛自傳》，作者是旅居加拿大的上海女人貝拉（真名沈蕾）。國內多家報紙及海外網路喧傳，「小說被好萊塢以百萬美元買了版權」，將由全球走紅的《鐵達尼號》的導演詹姆斯·卡梅隆執導。好幾位北大、清華的文學教授，中國社科院文學所的研究員也哄抬說，一舉成名的貝拉「走向了世界」。

曹長青看到消息，立刻閃出一長串問號。常識告訴他，一本還沒翻譯成英文的書怎麼會在美國「引起轟動」？好萊塢導演沒看到全書的內容，怎麼會貿然用百萬美元高價

買了版權？於是，他展開調查核實，識破〈貝拉的百萬美元騙局〉。

好萊塢的一位華裔導演告訴曹長青，從沒有聽說此事，沒出英文版的書導演不可能看到，也就不可能買版權。好萊塢通常買《紐約時報》等暢銷榜上的書籍版權，因暢銷書已有讀者市場，再拍電影，不用從頭做宣傳，既節省費用，又有觀眾基礎。好萊塢每天都有日報資訊，不要說是從中國買小說版權，卡梅隆決定拍任何片子都是「新聞」，不會不報導的。

曹長青找卡梅隆的電影公司總裁雷・桑切妮查核，他們公司沒有聽說過貝拉的小說，也就談不上買版權，更別提拍攝電影的計劃。

新浪等網站還載文〈日本專欄女作家小林舞美採訪貝拉〉。《911生死婚禮》並沒日文譯本在日本出版，日本專欄作家為何採訪在日本毫不知名的貝拉？採訪也沒有日文原文在日本發表的任何資訊。曹長青請教日本翻譯家金谷讓，也查不到叫小林舞美的專欄作家，貝拉也沒說出「小林舞美」是日本哪家報刊的專欄作家。

貝拉在接受小林舞美的「採訪」中說：日本推理小說家松本清張是她在日本的爺爺：「我們最初是在山梨縣的『下和溫泉』結緣，他當時八十歲了」，邀請她到他在東京的家做客。金谷讓說，日本山梨縣根本就沒有「下和溫泉」，貝拉大概在夢裏一個不存在的地方見到了推理大師。

貝拉還說，「到日本後榮幸地拜來東洋音樂學院任客

席的維也納著名鋼琴教授安東為師，琴藝進步神速。」日本根本就沒有一個「東洋音樂學院」，在這個根本不存在的音樂學院裏，貝拉拜的是有名無姓的所謂著名鋼琴教授。

貝拉還吹噓，她在東京銀座酒吧彈鋼琴，工資加小費比日本首相的年薪還高。金谷讓介紹，日本首相一個月的工資是二百四十萬四千日圓（二萬多美元），在酒吧彈琴的絕對不可能比首相的收入還高！

《中華讀書網》還有一篇「《紐約時報》特約採訪人陳駿」對貝拉的採訪。而《紐約時報》根本沒有什麼「特約採訪人」這一職業，該報也沒登過這麼一篇採訪。

貝拉的天方夜譚就這樣一個個在曹長青面前穿幫。

貝拉的騙術一如艾蓓，用所謂「半自傳體小說」，把虛構作品和非虛構自傳混為一體，故意模糊真實和虛構的界線，靠「真實經歷」「虛構自我」炒作走紅，與其說是賣書，不如說是賣人。但《911生死婚禮》中「王純潔」（貝拉）和一個日本人、兩個美國人，從東京到紐約再到上海的羅曼情愛史，教許多沒機會出國的女性十分豔羨，引發她們幻想與既浪漫、又富有的異國男性（最好是西洋男人）發生一場刻骨銘心的戀情，尤其在幾十年飽受性壓抑後，越放蕩的性描寫越受歡迎。

然而，國內胡吹《911生死婚禮》的教授評論家不諳美國的世事情有可原，自誇精通西方文化的貝拉也不懂得，當時的美國人還沒從沉痛中恢復，他們的心理狀態根本不能接受以911為背景創作的虛構作品，更別說拍世貿大廈被毀的

電影，即使一般涉及到飛機等藝術圖案，在美國仍有忌諱。

　　到此，一切都明瞭了，子虛烏有的「貝拉小說被好萊塢以百萬美元賣電影版權」，是大陸出版商安波舜、中國社科院文學所研究員白燁、作者貝拉三人合謀製造的一齣「謊劇」。

　　但騙子往往不肯認輸，還要掙回點臉面，安波舜聲稱要提告曹長青，對受到揭短報導的傷害保留法律訴訟的權利。

　　三十年過去了，訴訟的權利還保留著，曹長青還在等著!

　　此事還衍生出的一部劇外劇，華裔英語作家哈金以此事件為背景寫了一部小說，中文譯成《折騰到底》，由台灣屬統派的出版社出版，印刷時刪掉了扉頁上的「獻給曹長青」。哈金去交涉，他們推脫是技術失誤，說再版改正，但迄今如故。

三

　　在艾蓓、貝拉異曲同工地各演一齣騙人的「謊劇」時，前體操運動員桑蘭鬧了一場更惡劣的害人「詐劇」。

　　二○一一年末，桑蘭狀告美國保險公司和一對華裔夫婦，成為擾動海內外華人的一大新聞。

　　一九九八年七月，十七歲的桑蘭參加在美國舉行的第四屆友好運動會，練習跳馬時不慎摔傷頸椎骨折，造成胸部

以下高位截癱，各方一致鑑定爲意外事故，她本人也完全認可。

孰料十三年後，桑蘭霍然翻臉，聘請律師控告美國二十五個機構和個人，被告中包括當年照顧桑蘭的華裔夫婦及他們的兒子，索賠總金額高達二十一億美元。

曹長青聞之怒從心生，拍案而起。

回想當年，桑蘭在美國一摔成名，一摔摔成英雄。美國主要電台報紙都報導了事件，她受傷後的照片遍佈美國媒體，一個清純可愛的女孩摔成永久癱瘓，美國人心疼了。一對華裔夫婦照顧了她十個月；副總統高爾夫人親自爲她頒發「勇敢獎」；前總統雷根送她一個代表共和黨的大象玩具；雷根夫人還送她一罐總統最喜歡吃的糖；前總統卡特和夫人去醫院看她；連時任總統柯林頓都給她寫慰問信；《鐵達尼號》的男主角扮演者李奧納多去醫院看望她；《鐵達尼號》主題歌主唱女歌星席琳到她床邊爲她表演，這是美國總統都得不到的寵愛；著名的紐約新年點燈儀式，請她去按電鈕，那是比她有名百倍的美國明星都得不到的殊榮。

如今桑蘭罔顧人間最基本的倫理道德，狀告美國保險公司「種族歧視，國籍歧視」！想靠玩民族主義打法律官司，還誣賴好心的華裔夫婦的兒子性侵！是典型的恩將仇報的惡棍！「是可忍，孰不可忍」！

曹長青閱讀了相關資料，接連寫了十六篇文章，駁斥桑蘭的誣控：

其一，美國對她的國族歧視。

美國給她超過對待本國人的特別同情和憐愛。在醫療上，世界頂級的脊髓損傷科醫生瑞格納森教授為她治療了十七年，保險公司為她支付一百多萬美金的醫療費；二〇〇八年她來美國複查，醫院事務部經理安排各科室專人銜接安排；美國輪椅公司按她的要求定做了一個價值八萬人民幣的輪椅。

其二，因羅馬尼亞教練貝魯在她「按到跳馬上、落地之前，挪走了她要落上去的墊子」，導致「她的頭摔在了地板上」。

但現場新聞照片證實，她是躺在墊子上（絕不是地板上！）被急救，說明墊子根本沒有「被挪走」。

其三，她在監護人夫婦家裏「被軟禁、被封口、被壓抑」而無法說出真相。

事實是，在監護人家中養傷那十個月期間，她多次接受《紐約時報》《亞洲週刊》等中、英文媒體採訪，美國高官及中國副總理錢其琛等人都去監護人家中探訪她。

其四，CNN前總裁、美國友好運動會組織者特納在江澤民的面前做出承諾，給一億美金養她一輩子沒兌現。

然而，查不到任何有關此話的報導。

其五，義務監護人劉國生、謝曉虹夫婦侵吞她的財產，包括尿布、導尿管、輪椅等。

劉、謝夫婦照顧她十個月，在隨後十三年裏為保持美國醫療保險每年花掉五百美元。她用不完的尿布、導尿管等堆在他們的倉庫裏，就都成了侵吞她的財產。

　　其六，她到紐約警局報案，說她在義務監護人家裏時，遭到劉國生、謝曉虹的兒子薛偉森「性侵」，是「一級強姦」。

　　據當年《紐約每日新聞報》報導，她在離開紐約回國前那個夜晚，趴在薛偉森肩上哭了。如果他「一級強姦」了她，她怎麼對強姦犯一往情深？她回國後經常跟薛偉森通電話，在北京、在香港，以及在二○○八年的紐約之行中，她都跟薛偉森見面，和他們家人一起開Party。有誰會跟「強姦」過自己的人一起烤牛排，喝酒唱歌？她在博客說：「這個晚上非常開心，感覺像回到了自己的家。」有人從網上查到照片，一直到她來美國打官司之前，她都把當年薛偉森背她的照片掛在北京家中的牆上。全世界有誰這麼珍惜「強姦犯」的照片？二○○八年，她和未婚夫黃健來紐約謝恩劉、謝夫婦，又住在劉、謝家裏。如真被劉國生父子「性侵/強姦」過，怎麼還帶著自己未婚夫住在他家？甚至在二○一一年來紐約打官司時（沒準備告劉謝前），再次提出住劉、謝家！她說被薛偉森「強姦」時，她母親也睡同一張大床上，為她導尿、翻身，以免她生褥瘡。但她遭「暴力強姦」時，睡在旁邊的母親竟毫不發覺？

　　撒謊到如此拙劣的地步，真比摔癱瘓更慘。

　　桑蘭的律師最後道出真情：桑蘭用濫訴維權的實質是「圍錢」，狀告劉、謝夫婦敲詐一筆錢，在美國一級強姦無時效限制，受害者能拿到U簽證或可拿綠卡。為了金錢和移民，她向恩人索賠億萬美元，還不惜把他們父子送進監獄！

劇毒如此，只能歸蛇蠍而非人類。

　　不少沒是非的「善人」為她辯護，「桑蘭是癱瘓，是殘疾人，就饒了她吧！」

　　曹長青斷然回手：一個本該得到同情的殘疾人，用失德玷污了人類最純潔的博愛，一個身殘心更殘的人，撒謊像撒尿樣的害人，憑什麼可以原諒？鄰家一條瘸腿狗咬傷你家孩子，你會原諒那條狗嗎？連狗都不能被原諒，何況人乎？

　　法治社會不是無賴的競技場，美國聯邦法官於二○一四年二月裁決：桑蘭的索賠案不予審理。隨後，桑蘭主動撤回了全部指控，「詐劇」以自取其辱落幕，「桑蘭」還成了敲詐的代名詞，跟打謊、貪婪、惡毒等連在一起，網上從此多了一條警句：做人不能太桑蘭。

一把心腸論濁清

一

艾蓓、貝拉、桑蘭等「名人」，或賣弄奇聞女色奪人眼球；或裸露傷殘博人同情，終因騙術的段位低，經不住曹長青等人三拳兩腳的打假就拉胯了，所有的名利也就一風吹，如今都銷聲匿跡了。

另有一類人也同樣造假，但憑著「高學歷」「高智商」，利用國內外資訊不對稱詆惑國人，大顯神通地爆收名利。

二〇〇二年一月四日下午，曹長青正在家裏寫作，聯結公寓樓門的電話鈴響了，一位女性的聲音說，有重要信件要面交，問他住在公寓的哪一層。他下樓接物，白人女性先核對他的姓名，然後遞交一封沒有貼郵票的信。他第一次收到如此「鄭重」、需要「當面遞交」的信件，懷著好奇打開，是曼哈頓一家律師事務所署名菲利普·弗洛倫茲律師的信函，上面寫著：「面交並特快專遞」給曹長青及他的妻子等四人。

信上說，「我們是吳征博士、楊瀾女士和陽光四通公

司的律師。據我們所知，你們聯手各自參與一場正在損害吳博士和楊瀾女士個人名譽與專業信譽的活動，不正當地干預了陽光四通集團的商務。……我們在此要求你們每個人立即停止不正當的、可能被起訴的行為，包括發表文章或用其他方法傳播（如在網上發貼等）誹謗吳博士和楊瀾女士……你們要為一切後果負全部責任……其中包括要求賠償因你們過去和將來的不當行為造成的金錢損失。」

原來是對曹長青等人的恐嚇信。

楊瀾是如日中天的名人。一九九〇年至一九九四年擔任北京中央電視台「正大綜藝」節目主持人，隨後去美國哥倫比亞大學留學兩年。回國後，楊瀾自稱是「哥倫比亞大學校董」而招人生疑，疑問又很快從楊瀾轉向她丈夫吳征。吳征時任陽光四通媒體（集團）有限公司首席執行官和新浪網董事局聯席主席；楊瀾任陽光四通副主席兼香港陽光文化網路電話有限公司集團主席。如此風光無限的一對名人夫婦，竟然在學歷和履歷上造假能不喧囂海內外？

吳征在簡介中曬出五個學位：美國巴靈頓大學博士；美國華盛頓大學碩士；彼卡爾文—斯多克頓學院工商管理—財務學理學士；法國薩伏大學法國語言文學深造研究學歷；復旦大學博士。

曹長青聞知事件，利用在美的地利加入調查，找到吳征造假證據後撰文在《多維新聞網》刊載，後被《光明日報》屬下的《中華讀書報》轉載。《多維》聘曹長青當「特約記者」繼續深挖。曹長青追尋拿到各種第一手材料，寫出

系列報導繼續在《多維》刊發，鐵板釘釘地拆穿吳征和楊瀾
搗出的謊。

　　曹長青羅列出吳征「響噹噹」學歷過程：先在法國薩
伏大學「數月學成」法文；然後到美國加州聖荷西城市學院
註冊四個月，一年半後拿到學士學位；再一年半在賣保險的
晚間業餘拿到碩士學位；再一年多「獲得」巴靈頓大學「博
士」學位；再不必上課，靠七萬九千字獲得復旦博士。吳征
「快」捷拿學歷的能力無人否認。最驚人的莫過於頒給吳征
「博士」學位的巴靈頓「大學」由一位十九歲美國青年「創
辦」，用「網路遠程教育」賣學位，因不法經營被美國政府
取締。更黑色幽默都編不出的是，巴靈頓沒設過博士學位，
就是說吳征連野雞大學的假博士文憑都是假的。

　　而楊瀾顯擺自己上了《紐約時報》頭版；美國三大電
視台邀她去做主持人。她二十多歲去美國留學兩年多，念讀
稿機的英文都不流暢，怎麼當美國大電視台主持人？她在美
國的《二○○○年那一班》共十集的節目中，參與製作其中
一集中約十二分鐘的內容，介紹對比上海高中生與美國高中
生的狀況，就此被她吹成開亞洲主持人進入美國主流媒體之
先河。

　　吳征和楊瀾的「傲人」「能耐」，「海歸」幾年的
「大獲成功」，就靠濫用名不副實的「學位」「履歷」的信
譽得來。吳征因在海外一事無成，才堆砌一堆學位作資本。
吳征若去掉這些水印學歷和履歷，不可能在香港和國內迅速
「圈錢」，更不可能成為北大、清華、上海大學的客座教

授。

被人撕下臉面的吳征、楊瀾氣急敗壞，他們一邊找美國大律師向曹長青等人發警告函，一邊把曹長青在海外發表的反共文章搜集一大本，通過中宣部交給《中華讀書報》社，「揭發」曹長青是「國外反動勢力」，對他們的「攻擊」是地跨香港、美國的「有組織行為」。

吳征、楊瀾的困獸猶鬥只突顯自己的卑劣，而無法掩蓋真相，假博士吳征還是被迫辭職新浪董事及聯席主席。

最戲劇性的尾聲是，吳征、楊瀾讓律師發函後一年多沒下文，兩人卻來到紐約，不僅登門拜訪各家華文報社，公關阻絕媒體揭批他們，還要宴請《多維》老闆何頻和曹長青等人，試圖以「鴻門宴」與被告「庭外和解」。

「巴靈頓博士」吳征和「哥大笑董」楊瀾的處事方式超出曹長青的想像，如此「宴會」自然等不到他！

二

在奇葩時代，奇人輩出，吳征、楊瀾造假案後一年，中國出現了一個國際「豪客」——牛人楊斌。他造事的手筆更大，地跨中國、荷蘭、北韓三國，勢達政、商、外交三界，一時名揚天下。

二○○二年九月，楊斌被金正日政府任命為北韓第一個「資本主義」特區新義州行政長官。在北韓舉行的委任儀式上，他領取「新義州特首」委任狀的照片傳佈全球媒體。

　　這條新聞有兩個出人意料的看點：其一，堅持閉關自守的獨裁者金正日居然也要搞經濟改革，而且照搬中國深圳模式建特區；其二，新義州的首任特首竟是華裔荷蘭人，也就是中國人楊斌，金正日的開明意識和膽量比鄧小平還大。

　　豈料，楊特首上任的新聞還沒消退，兩周後又一波驚聞上榜，楊斌被中國當局監視居住立案審查。楊斌可是金正日的「乾兒子」，中國不怕損壞和朝鮮「牢不可破的友誼」？儘管一時間海外中、英、韓文等媒體大量報導，但像楊斌這樣敏感人物的案情，在中共治下不可能完全公開。

　　因楊斌曾經在荷蘭參加過海外民運，曹長青便採訪在荷蘭、比利時、法國、西班牙、美國等熟悉楊斌的人，順藤摸瓜錄下楊斌的「謫奇故事」。

　　楊斌是一九六三年生的南京人，一九八九年（六四前）持旅遊簽證去荷蘭。六四事件後他謊稱自己是「從天安門廣場的死人堆裏爬出來的」，為此積極參加民運活動，擔任「民主聯合陣線」荷蘭分部主席，再憑此向荷蘭政府申請「政庇」，九三年獲准居留。一年後，他一拿到荷蘭籍就回中國做生意了。

　　幾年後，楊斌又突然現身荷蘭的民運會議，聲稱他和中領館關係很好，可以做橋樑聯絡兩邊的人。他還自薦在國內的「豐富」履歷：在南京大學上過學、在南海艦隊、北海艦隊、海軍情報部等服過役……。

　　楊斌在香港入股儀式上宣稱，他在荷蘭經商成功，「帶五千萬美元回中國」，是他的「第一桶金」，也是他回

國創業成功的基礎，他在荷蘭萊頓市擁有一座有好幾十層的「楊斌大廈」。

　　然而，曾在荷蘭楊斌家住過的人告訴曹長青，當時「富豪」楊斌住在荷蘭政府提供的房子，月租五、六百荷蘭盾（二百八十美元左右）。

　　楊斌回中國後，通過關係搭上遼寧省副省長楊新華，再攀上遼寧省長薄熙來和副總理李嵐清。在薄熙來等官員的支持下，他從省政府獲低價批得三千多畝農業用地，但違法建了一個「荷蘭村」，蓋高級住宅，做房地產生意。

　　中國的貪官們需要找楊斌這樣的代理人，因他有外國護照，出事可溜之大吉，而且他又敢幹、敢賄、「仗義」。楊斌的公司向中國和香港貸款幾億元人民幣，公司的四年收入不足一億卻虛報為二十一億，公司在香港上市，集資六點八億元，市值最高時達四十六億元。

　　二〇〇一年，美國商業雜誌《福布斯》把楊斌評為「中國第二富」。他當了特首之後，媒體報導說，他是香港上市的荷蘭「歐亞集團」的董事長，成為十三億中國人中第二個最有錢的闊老，身價九億美元。

　　楊斌所以和金正日拉關係，出任「特首」，是想通過「改變身份」成為北朝鮮的「官員」，以躲避或減輕中國有關部門對他欠稅漏稅等不法行為的追查。金正日則為弄錢緩解北韓的困境，苟延他的政權，顧不得與中國方面溝通，就急忙讓暴發戶做「特首」，捲入這場鬧劇。楊斌透露曾給金正日二千萬美元。

　　楊斌當「特首」後在瀋陽的一場記者會上說，他不只
是一個商人，也是一個國際外交家和政治領導人了。幾個小
時後，他就成了中國警方的階下囚，最後以數項重罪被判刑
十八年，至於借用楊斌這只白手套而巨額受賄的黑手——各
級領導無人敢追究。

　　曹長青的這份調查報告，為楊斌提供編織犯罪網的制
度之惡留下一份記錄。

三

　　楊斌膽大包天騙到北韓，出醜到國際舞台，差點抖露
出他背後的高官，所以中共及時重判摀住蓋子。而「神童」
韓寒就幸運多了，他的潑天造假案驚動全國，惡劣影響遠大
過楊斌，因涉及的文化人眾多，至今逍遙法外。

　　當年的韓寒可得了！頭上的一道道寶光就嚇死人：
「中國的意見領袖」，「八〇後的代言人」，「當代魯
迅」，「全國教授的影響力加起來不如他一個人」，「二〇
一〇年《時代週刊》評選全球最具影響力百人榜，憑一億多
粉絲推舉得第二名，僅次於歐巴馬」，馬英九接見他時說
「久仰，久仰！」，中國南方系報刊更讚韓寒是「唯一的一
盞明燈」……

　　孰料，二〇一一年，就在韓寒春風得意馬蹄疾時，被
半路殺出的網民麥田絆倒，他代筆醜聞的面罩就此挑開，無
數網民紛紛跟進，身在海外的曹長青最早加入。

　　曹長青讀過韓寒為數不多的短小博文，以為一個二十幾歲年輕人寫點雜感，喜歡玩車，是個不錯的賽車手，並無特殊。但看了麥田的質疑，再查百度的介紹才疑訝不已：自二○○○年起的十年間，韓寒每年出書，包括七部長篇小說，十部文集，還主編一本雜誌。而且，二○○三年以來，每年參加賽車都拿冠或亞軍。他還填歌詞，做唱片，導電視廣告片等等。世界上至今還沒聽說一個拿全國名次的運動員，同時成為某國最有名、最有影響力的作家。因這是兩個完全不可兼跨的領域，運動員需要大量訓練，主要注重體力和技能，是「動」的術業。而寫作需要大量閱讀和思考，還要勤練筆頭，是「靜」的藝術，兩者的生活狀態也完全不同，難道韓寒是超人？

　　鑒析韓寒成名的始末更加匪夷所思：語文不及格的十七歲高中生，只用一小時完成獲獎作文「杯中窺人」；長篇小說《三重門》不打草稿一氣呵成，事後提及書中的內容卻一問三不知。曹長青由此得出結論：韓寒的〈杯中窺人〉及他名下的全部小說、雜文、大部分博客，都出自他父親韓仁均之手。韓寒是韓仁均的「面罩」，韓父是韓寒的「魔手套」。小部分博客是韓寒的出版商路金波等人所寫。

　　曹長青辨明韓寒成名的詭異痕跡，扯下他一副又一副面具後，路金波給曹長青發了兩封短信，威脅已諮詢美國法律要起訴他，「鄭重警告閣下，不要玩火自焚！」信中的用語、口氣、思維方式與韓寒的博客及某些文章的流氓腔相似，更坐實了曹長青的判斷。「神童」韓寒是出版業、媒

體、上海乃至全國作協等利益團夥聯合製造的「神話」，是一個登峰造極的跨越三界的造假大案（教育界——作文考試作弊，文學界——小說代筆，思想界——博客代筆），是幾十年來文化界第一大醜聞。

最令曹長青不恥的是「韓寒」兩頭通吃：一壁裝模作樣厲責中國黑暗以圖百姓的掌聲和人氣，一壁告訴百姓你們就配猥瑣在黑暗中做奴隸以討統治者的歡心，是既要愚民的死忠又要政府的庇護，是為名利毫無底線的可惡偽人！

在群起打假韓寒的事件中，更讓曹長青深思的是，海內外一大批以自由派自居的公共知識份子，他們面對國內外打假者亮出的確鑿證據，依然為韓寒譬解：有的說，韓寒的作品問題屬於私權，別人無權質疑；有的說，韓寒是「非公權力」公眾人物，不應在被「打假」之例；有的說，韓寒的作品有人代筆又怎樣？著名畫家陳丹青居然說：如果韓寒作品是父親韓仁均代筆，他就連韓仁均也一塊喜歡。如此振振有詞地支持造假，蔑棄誠實和真相的價值，令人瞠目結舌！

「自由派」媒體《南方週末》不僅一路為韓寒造勢，韓寒代筆敗露後繼續做他的後盾，只因韓父創辦的網路書店為《南方週末》主編的書大作廣告。打著「自由派」幌子的主編如此厚顏無恥，韓騙的通行無阻就不足為奇了。

因韓寒寫過不少針砭時弊，譏諷政府和主流媒體的博客，海外許多異議人士對他的代筆也視若無睹，還樂借他的超常影響力抗共「反體制」。

曹長青告誡他們：真正的自由主義的追求者，首先是

真實價值的追求者，不應容忍駭人聽聞的公然造假，無論高舉「民主、自由、人權」的旗號，無論怎樣嘲訐弊政，都沒有一絲一毫值得討論的餘地！因人類最大的罪愆都從造假開始。一個作家或一個媒體，無論喊多少「正確」的口號，都沒有維護一個作假對自由價值的毀譽更大。用作假對抗中共的「假、大、空」，追究當權者真相的人隱瞞自己的真相，都是欺世盜名的無稽之談。

隨後的十年，雖然韓寒繼續盡得「風流」，但「不著一字」的狼狽相，為他的代筆門也為曹長青的打假作了定論。

不畏浮雲遮望眼

一

　　吳征、楊瀾、韓寒之流雖挨金箍棒痛毆，看上去卻肌膚完好無損，吳征繼續在商場馳騁，楊瀾同年被官媒《中國婦女》選爲「十大中國婦女時代人物」，韓寒「書畫不分家」，「觸類旁通」地當起演員和導演，繼續瞞騙愚忠粉絲的錢。何故？他們趕上了好時代！騙子橫行的時代！因坐在龍椅上的也是巨騙，韓寒們便能如魚得水興風作浪。

　　按曹長青的譬喻，習近平就是手握國人生殺大權的韓寒，他用〈習近平「造假」有眾多新發現〉等文檢驗習近平，發現習近平的「博士帽」「式樣」就是違規品：

　　其一，〈清華大學授予博士學位實施辦法〉明文規定：「申請博士學位的人員必須已獲得碩士學位，並在獲得碩士學位後工作五年以上」，但習近平從未得過「碩士學位」。

　　其二，「習博士」博通政治「戲法」，學的是「馬克思主義理論與思想政治教育」專業，博士論文又是分析「貨往哪裏賣」等農村三大難題，最後獲得的卻是「法學博

士」。

　　其三，「習博士」論文附錄「二十六本英文參考書」，但誰也沒聽說過習近平會英文，足見他非凡的「閱讀參考能力」。更加超人的是，習近平在讀期間（一九九八到二〇〇二年），全職擔任福建省委副書記、代省長、省長。

　　最蹊蹺的是，中國已建立「博士論文檢索系統」，但查不到習近平的論文，而他的做派，倒和韓寒如出一轍。

　　韓寒寫的《三重門》裏涉及書籍五十多冊，其中於17歲少年絕對冷僻難啃的有：《舌華錄》《尚書》《左傳》《史記》《戰國策》《賀拉斯》《鏡花緣》《美女賦》《萬曆野獲編》《孫子兵法》《廣陽雜記》《閑情偶寄》《孟子‧滕文公上》《會通派如是說》《管錐編》《淮南子》……

　　習近平也不遑多讓，每到一國必炫耀他讀過的世界名著的「書單」：

　　在俄國說：讀過克雷洛夫、普希金、果戈理、萊蒙托夫、屠格涅夫、陀思妥耶夫斯基、涅克拉索夫、車爾尼雪夫斯基、托爾斯泰、契訶夫、肖洛霍夫的作品……

　　在法國說：讀過孟德斯鳩、伏爾泰、盧梭、狄德羅、聖西門、傅立葉、沙特、蒙田、拉封丹、莫理哀、司湯達、巴爾扎克、雨果、大仲馬、喬治桑、福樓拜、小仲馬、莫泊桑、羅曼‧羅蘭的作品……

　　在英國說：讀過莎士比亞的《仲夏夜之夢》、《威尼斯商人》、《第十二夜》、《羅密歐與朱麗葉》、《哈姆雷

特》、《奧賽羅》、《李爾王》、《麥克白》等劇本……

在德國說：讀過歌德、席勒、海涅、萊布尼茨、康德、黑格爾、馬克思、海德格爾、馬爾庫塞的作品；以及《共產黨宣言》、《資本論》、《1844經濟學哲學手稿》、《反杜林論》、《政治經濟學批判》、《哥達綱領批判》、《唯物主義和經驗批判主義》等……

在美國說：讀過《聯邦黨人文集》、《常識》，華盛頓、林肯、羅斯福等美國政治家的著作，讀過梭羅、惠特曼、馬克‧吐溫、傑克‧倫敦等文學作品……

習近平若真閱讀過這份「書單」，絕不會心安理得做獨裁者，尤其是《常識》鼓吹美國應從英國獨立，他理應支持台獨，而不至下令用飛彈包圍台灣。

習近平自露馬腳的是，星雲法師贈他《迷悟之間》《百年佛緣》兩套書（共二十一冊一百六十萬字）。兩年後他見到星雲說，「大師送我的書，我全都讀完了。」他當上國家主席日日劍拔弩張忙權鬥，如此短時間內讀完這兩套佛學書，只有走紅地毯時騰雲駕霧的星雲法師會信。

當年，毛澤東號稱把二百九十四卷三百多萬字的《資治通鑑》讀了十七遍，即使每天讀萬言古文，也要十七年才能讀十七遍，也是大獨裁者才有的能量。如今與毛二世習近平相比，「毛一世」望塵莫及。

豈止如此。「僞大」的習近平在「讀了」幾摞子西方名著後，還著書立說出版了九本書，其中兩本是習近平「主編」，一本是「與人合著」。

　　無德無能的「習博士」武大郎開店，與他共事的寡頭也都是「高學歷」，中共七常委中有兩個博士，五個碩士。然而，細查他們的履歷，除李克強北大正牌大學生，王滬寧從工農兵學員翻入文革後的研究生，其他人的文憑也都是亂七八糟在職「學習」混來。國家的主要領導人都如此高學歷世所未有，足讓田中角榮、安倍晉三、盧武鉉等低學歷政治家汗顏。

　　曹長青依從真相高於立場觀點，事實高於意識形態的原則打假，用嚴密的邏輯抽絲剝繭拉下欺詐者的偽裝，還原事實真相。他從國外打到國內，從文化體育界打到政界，從小痞子韓寒打到大獨裁者習近平，體現了記者的社會責任感和正義感。

二

　　曹長青「考證」出習近平是假博士，與張學良見面後對他下的判詞是〈假英雄、假將軍、假基督徒〉。

　　活到一百零一歲的張學良，因發動西安事變而被國民黨定為千古罪人，卻被中共封為「民族英雄」。確實，兩邊都說出了這個偽人的事實，沒有張學良的西安事變，國民黨怎會遁往台灣一隅；沒有張學良的西安事變，又哪有後來從毛澤東到江澤民的「豐功偉業」。

　　從小聽父親提到張學良就脫口背出一首詩：

「趙四風流朱五狂，翩翩蝴蝶最當行。

溫柔鄉是英雄塚，哪管東師入瀋陽。……」

　　這是馬君武寫的〈哀瀋陽〉，九一八後的兩個月發表
在上海《時事新報》。雖然詩的內容不實，朱五（朱湄筠）
和影星蝴蝶爲此蒙不白之冤，但寫出了吸毒成癮、沉湎女色
的公子哥張學良的形象，反映了國人對他丟失東北的奚落和
眾怒，所以詩一經刊出就流傳全國。

　　一九九一年張學良得到李登輝總統同意赴美訪友。五
月二十八日下午，他在紐約曼哈頓臨時寓所約見幾位東北老
鄉，其中有大陸異議作家劉賓雁和曹長青。

　　時年九十的張學良精神矍鑠，頭腦清醒。交談中他反
應靈變，話題不敏感時，他聽得一清二楚，碰到難題不想回
答，就說耳朵背，聽不清楚，或顧左右而言他。

　　曹長青首先詢問東北淪陷的問題：蔣介石曾給他手諭
示意他不抵抗是否屬實？張學良明確回答，「是我們東北軍
自己選擇不抵抗的，想盡量避免刺激日本人，不給他們藉口
擴大戰事……再說，當時蔣介石下野，是行政院長孫科主
政。」蔣介石雖沒下令，卻也默許張學良退卻東北，目的是
以空間換時間，爲國民政府保存軍事實力，從長計議。

　　後來，張學良爲洗刷自己「不抵抗將軍」的汙名主張
抗日，卻不理解蔣介石「攘外必先安內」的戰略部署，魯莽
發動西安事變，試圖利用兵諫逼蔣抗日，然後聯合紅軍和西
北軍在西北割據，成立以他爲首的「西北抗日聯合政府」。

抗日是他的藉口，要當西北王是眞，爲一己私利，坑領袖、害國家，罪不可赦！

西安事變是中國當代歷史中最驚心動魄的事件，因中國兩千多年歷史中沒有過類似兵諫。兵諫等同軍事政變，而政變不是取而代之，就是使最高領袖成爲傀儡，因無論從常識還是邏輯上，在武力威逼下即使被捉者改變政見，一旦重獲權力，絕不可能接受這種方式。但張學良就是這樣一個不按邏輯，不遵常識，不計後果做事的人。在捉蔣前的師軍長會議上，他宣佈要動手，眾人無語，只有王以哲軍長問：「捉了之後怎麼辦？」張學良毫無智謀地回答，先捉了再說，而在他決定陪蔣介石返南京時，部下勸阻，他又是說先送蔣回去再說。

張學良向曹長青等人自白，「東北人有優點，但毛病也很多，魯莽，好衝動，捅簍子，我正是這種性格，而且人家讓我捅一個簍子，我一定捅倆。」

張學良捅出改變中國命運的大簍子是有跡可循的。他十九歲從父親張作霖辦的所謂軍事學校「講武堂」一畢業，就被任命爲旅長，當年底又被晉升爲陸軍少將；發動西安事變那年他三十六歲，已升爲陸軍一級上將，是除蔣介石外全中國最高軍事領袖。他一輩子除了幹出西安事變這件「大事」，在戰場上與蘇俄軍隊交手全軍覆滅；指揮東北軍在陝北剿共，兩個精銳師兩萬多人被紅軍全殲；是地地道道的假將軍。

但說張學良做事全無計劃也不盡然，在西安事變之

前，張學良秘密和周恩來等共產黨人會談，提出「你們在外面逼，我在裏面攻，內外夾攻，把蔣扭過來」的方案，他還「等待來自莫斯科的認同和軍事援助」。

張學良在與曹長青等人聚談時，一面誇周恩來是「大政治家」，一面也抱怨：當初周恩來說捉蔣，講得頭頭是道，後來說放蔣，也是頭頭是道。曹長青說，不是周是「頭頭是道」的「大政治家」，而是張學良是「頭頭無道」的「小土匪頭」，跟著別人走，全無自己的主見。

張學良還承認，他是東北的「白帽子」（過去東北趕大車的人都戴白氈帽），這是東北土話，相當於北京話「二百五」，也就是蔣介石評價他的「小事精明，大事糊塗」。這就是張學良的「可愛之處」，一生「大事糊塗」，糊塗死了！

西安事變爆發前一年，毛澤東的陝北紅軍僅剩下不足兩萬人，已走入絕境。西安事變讓共產黨起死回生，在毛澤東實行「三分抗日，七分發展」策略下，抗戰結束時共產黨的軍隊已擴大到一百二十多萬人。

張學良卻自我辯解：那時的中共組織嚴密、紀律井然、軍力強大，我的兩個精銳師與中共對陣兵敗。共軍經過兩萬五千里逃亡（中共稱長征）仍然保持實力，毫無垮亡的跡象，既不能殲滅它，就只有跟它合作一同抗日！

曹長青認為，張學良當年因學識和認知局限，沒能預見共產黨會建立那樣殘虐的專制政權，尚可寬宥。但時至今日，張學良堅持認為蔣的「攘外必先安內」政策是錯的，他

的聯共抗日才是對的，所以對西安事變，「我願負全部責任，而且從不後悔。」

面對中共篡權當政，百姓生靈塗炭的噩運，張學良輕描淡寫說：「一個新政權建立總要殺一些人的，這沒有什麼奇怪！」

大家提到張學良的親弟弟張學思在文革浩劫中被紅衛兵活活打死的慘劇，張學良漠然視之：我知道這件事，張學思與我的好友呂正操在一起，張學思比較暴躁，跟鬥他的紅衛兵幹起來，結果被打死。呂正操比較溫和，所以保住了性命，這只能怪張學思自己不好！張學良全然不同情橫死的親弟弟和其他國民黨人的命運！

曹長青提到剛過去的六四大屠殺，張學良也無動於衷，「電視我沒看，對這事不太清楚。……什麼事不能只聽一方的。」

一九五五年，張學良在宋美齡的勸導下皈依了基督教，基督教的核心教義之一是懺悔，但他對西安事變無眞正的懺悔，對「六四」這個世界已經定論的事情，竟也不辨是非，只能表明他是沒心、沒肺、沒靈魂的假基督徒。

蔣介石軟禁張學良半個多世紀，固然不人道，但對比飽嘗共產黨迫害的黃維、杜聿明等國民黨人，張學良養尊處優過著天堂般的生活，在軟禁的頭三年裏還有一妻一妾輪流陪伴。

張學良在所謂「傳奇」的一生裏，和趙四小姐趙一荻的「愛情」爲不少人津津樂道，但有記者追問張學良，「趙

四小姐真的是您生命中不可缺少的支柱嗎？您覺得她怎麼好？」他的回答竟是：「當年她年輕時，也是個很好玩的小姐，陪我這些年也實在不容易。」原來趙四只不過是個「專陪小姐」。他還對人說：趙四小姐對他最好，將一生都奉獻給他，但不是他最愛的女人，「最愛的女人在紐約」。有人指「最愛的女人」是指宋美齡，也有人跟曹長青細說是在紐約的另外一個女人，不管是誰，都是張學良風流韻事的插曲。

曹長青無法接受張學良的「灑脫」。糊塗死了的張學良，幹大事只會捅簍子，只有吃喝玩樂是內行，即使到晚年，仍「性」趣盎然，逢人就自誇好色本性。一個被中共視為「民族英雄」的張學良；一個活得沒靈魂的市井村夫，恰如他自我畫像的一首打油詩：自古英雄多好色，未必好色盡英雄；我雖並非英雄漢，惟有好色似英雄。

三

張學良這樣有爭議的假英雄，中國有，外國亦有，最聲名顯赫的是南非總統曼德拉，曾被稱為「一代偉人」而達到頌聖的頂峰。

二〇一三年十二月五日，南非前總統曼德拉去世，南非為他舉行「世紀葬禮」，全球政要冠蓋雲集追悼會：有五十二位總統或國家主席；十七位總理或首相；一位國王；一位王后；多位王子及副總統、副主席或特使；聯合國秘書

長與非洲聯盟主席及歐洲委員會主席等。美國時任總統歐巴馬帶上三位前任卡特、柯林頓和布希，巴西也是時任總統羅塞夫及前任伊納西奧、達席爾瓦，與之相映成趣的是美國的老對頭卡斯楚、伊朗總統魯哈尼、辛巴威總統穆加貝等幾個獨裁者也一同出席，歐巴馬和卡斯楚還同時在會上講話。軍隊護送曼德拉的靈柩時鳴放二十一響禮炮，規格相當於英國君主，前首相丘吉爾葬禮上只鳴放了十九響禮炮。

曼德拉為何受全世界左派與右派領袖齊贊？得專制與民主國家領導人同好？他們在曼德拉身上找到哪些共同點？共產古巴、中國等高讚曼德拉反抗白人種族主義為「反西方」，也就意味著「反美」；西方美譽曼德拉致力結束白人種族主義，寬大有遠見地促進「黑白和解」，是時代「英雄」和「道德楷模」。

然而，曹長青「不識時務」，徹底清理曼德拉留下的遺產，獨具慧眼地大唱反調：〈曼德拉絕不是英雄〉。

曼德拉的大半生反抗白人種族主義，不惜為之坐二十七年牢，即使他的反抗缺乏深刻和偉大的思想，還含有馬克思主義者、共產黨人的思維，甚至有黑人要殺掉白人等邪念，但他堅韌不拔不畏犧牲的精神，受到世人同情和敬佩，值得正面肯定。

曼德拉一九九〇年出獄，四年後當選南非總統。

南非大主教圖圖在一九九四年南非第一次民主選舉後創造了一個術語，就是南非從此成為一個「彩虹之國」。曼德拉在總統就職演說中如此闡述：「我們立約，建設一個所

有南非人，無論黑人白人，都能心中沒有畏懼，確信人人都有不可剝奪的權利和尊嚴的彩虹國家。」

曼德拉做了一屆總統卸任至逝世，他給彩虹之國留下了哪些遺產？如尊重現實，用事實說話，盤點細數卻是負面居多。曹長青列出四個方面：

第一是經濟一團亂糟。

在曼德拉出任總統前，南非在世界上有兩大名聲：一是一意孤行的白人種族主義統治，另一個是經濟高速發展，從一九六五至一九八二年的十七年裏，年均增長達百分之十五點二。是非洲唯一發達國家，被稱爲「非洲經濟巨人」。八十年代後期，由於歐美國家的經濟制裁，南非經濟成長率才下滑至百分之一點五。

曼德拉及他的兩位後任主政的二十年間，儘管制裁取消了，外國援助蜂擁而入，但南非的年平均經濟增長率只有百分之三，而失業率是百分之二十五點二，年輕人失業率近百分之八十，成爲低增長、高失業、貧富懸殊的國家。問題的根源就在曼德拉推行的社會主義政策，政府大量建造窮人住宅和增加福利，在南非五千萬人口中，有多達一千五百萬人領取各種救濟。強化壟斷經濟，把農業用地都收歸國有（交稅費後才可使用）。

第二是社會失控治安惡化。

經濟不振加上對曼德拉政府的失望，人們不再相信新的民主制度包括議會、法院能夠保護他們，便訴諸暴力「私了」，導致南非犯罪率破紀錄地飆升：愛滋病和強姦案全球

第一；在校女生中近三分之一患有愛滋病；兇殺率全球第二；超過四分之一的十八歲到四十九歲男性至少有一起強姦案；還發生過多起輪姦幾個月大嬰兒的滅絕人性案。面對這些可怕數字，曼德拉還要「政治正確」，用總統權力實行廢除死刑。

據二○一一年統計，低迷的經濟、潰壞的社會讓南非人的平均壽命僅五十二點六歲，比白人統治時代降低近二十歲！

南非黑人主導的「非國大黨」一黨獨大，缺乏監督的政府必然滋生腐敗。曼德拉本人也不例外，他做了五年總統，信託基金擁有兩家公司，留下超過一千萬英鎊財產，他為子孫成立約二十七個基金，他的家族成員活躍於一百一十多家企業。

第三是「黑白和解」徒有虛名。

曼德拉在總統就職演典禮上請三名看管過他的白人獄卒做「來賓」，大顯寬容和解的美德。然而，這不過是他做媒體秀，實際所為卻與之背道而馳。

曼德拉推出的〈黑人振興經濟法案〉就含種族主義色彩。在南非經濟支柱的礦業公司，所有涉及國家項目的黑人股份一定要達到百分之二十六。同時，法律要求原來白人擁有的公司，必須出讓百分之二十六的股份給黑人，黑人依此控制整個國家的經濟，極少數有關係的黑人憑此暴富。

曼德拉還加碼制定〈擴大黑人經濟振興法案〉，把優惠黑人歧視白人的範圍再擴大。雇人時，資歷相等先選黑

人，其次選有色人，最後才輪到白人。在政治領域，政府主要部門尤其是中高層，都換上黑皮膚官員。各部委的白人幹到處長位置就到頂，如沒有合適的黑人，哪怕職位空著也不給白人。

這就是曼德拉的黑白和解的「偉業」，「以其人之道，治其人之身」，把白人種族主義顛倒成黑人種族主義！

曼德拉執政後不禁止煽動仇恨的「非國大」黨歌，成千上萬的黑人繼續高唱「我們宣誓，殺死白人」，他居然和黑人共產黨同志一起揮拳引吭。結果，在南非轉型期間的一九九四到二〇〇〇年，有三千多白人農場主被黑人殺害。聞風喪膽的白人只能用腳投票，大量白人專業精英，如醫師，工程師，教授，會計，熟練的技術工人等紛紛逃離南非，白人人口比例從百分之二十降至百分之九。

曼德拉承諾的「黑人白人都沒有恐懼的彩虹社會」在哪裏？

第四是南非成為支持獨裁者的大本營。

曼德拉傾心結交的「英雄」及朋友，多是世界上名譽掃地的獨裁者：毛澤東、格達費、卡斯楚、阿拉法特、江澤民、李鵬等。他在牢中就研讀毛澤東的書，是「毛的國際粉絲」，渴望出獄後去北京朝拜「毛主席」，請教如何在非洲實現共產主義。可惜，他出獄後毛早已駕崩，失去覲見機會。所以他出獄後第一趟出國，就去利比亞拜謁格達費，稱「格達費是我們這個時代的革命偶像之一」，遭到柯林頓批評後，他強詞奪理地回懟：「沒有一個國家可以自稱是世界

警察，沒有一個國家能夠決定另一國應該怎樣做。」他忘了，他入獄後恨不得美國等所有國家都做「國際警察」，籲求國際社會「干預」南非內政，制裁南非的白人政府。從曼德拉的「偶像」標準可知，他要的是一場什麼樣革命！

曼德拉還不遠萬里跑去美洲的古巴，朝覲他心目中的另一個英雄卡斯楚。面對卡斯楚，曼德拉像是見到「大家長」，卡斯楚坐在沙發上，曼德拉恭恭敬敬站立著，對他一遍遍懇求，「什麼時候你能夠去南非？答應我！」在哈瓦那的共產黨群眾集會上，曼德拉高喊：「古巴革命萬歲、卡斯楚同志萬歲！」跟卡斯楚一起散步時，曼德拉甚至手挽著卡斯楚的手臂，一副徒弟攙扶師父、奉承獨裁者的卑賤。

一九九○年，曼德拉第一次到美國，特意去拜訪紐約曼哈頓一二五街的哈萊姆黑人區。曼德拉向歡迎人群表示，「巴解組織主席阿拉法特、利比亞上校格達費、古巴軍事首腦卡斯楚，都是我的戰友。」

曼德拉坐牢時，要求國際社會制裁南非白人政權，強調不要為麵包而丟棄原則。可他當上總統，就盯上麵包，不顧原則，要跟台灣斷交。一九九四年，曼德拉舉行總統就職慶典，李登輝總統帶隊去祝賀，中共派去的是芝麻官「中非友協副會長」謝邦定。在宴會大廳，非邦交的中共國旗高高掛起，而邦交國台灣旗幟卻在角落半隱蔽處。在座席上，李登輝總統被安排在角落，而謝邦定卻坐主桌，跟阿拉法特、卡斯楚等「貴賓」在一起。主桌上竟談笑風生說如何把台灣從非洲「趕走」！面對羞辱，台灣代表團提前退席。

　　曼德拉跟北京建交的決定因素是傾向中共的意識形態。一九九九年，他以總統身份訪問中國時，千里迢迢拎著南非「金質好望勳章」頒給中共總書記江澤民；二○○四年，中共政治局常委曾慶紅訪問南非，曼德拉站在院子中央迎候，還稱頌「長征是中國的史詩，也是他心目中的史詩」，感謝中共革命對他的鼓舞；後來，他又在家中殷勤接待六四屠夫李鵬，還攜夫人站在院子「恭候」……

　　二○一○年，南非為主辦世界盃足球賽做宣傳開「和平大會」，曼德拉邀請包括達賴喇嘛等世界名人，遭中共杯葛後馬上向北京低頭，拒發達賴喇嘛簽證。曼德拉們一邊拒絕給達賴喇嘛簽證，一邊給江澤民戴勳章，給卡斯楚兩次頒獎。這就是曼德拉的南非，他們支持緬甸軍政府，支持伊朗的內賈德，支持巴勒斯坦的阿拉法特，支持利比亞的格達費，支持古巴的卡斯楚，支持委內瑞拉的查維茲，還是惡名遠揚的辛巴威獨裁總統穆加貝的後台……他與世界上所有獨裁者都有金石之交，所以，他非但稱不上道德楷模，而是惡德者的同盟。

　　有評論說，曼德拉背叛了他在獄中受難時強調的原則，也背叛了南非自身抗爭的歷史。

　　曹長青糾正道，曼德拉沒有「背叛」，他骨子裏就膜拜史達林、毛澤東的理念，他家中牆上掛著列寧、史達林的畫像，他在家中死去時一定仍望著懸掛的這些畫像。

　　這才是真正的曼德拉！

文學桂冠月旦評（一）

一

曼德拉如此受人仰慕，其中的一個原因，就是他有一頂諾貝爾和平獎的桂冠。

說起諾貝爾獎，直到二十多年前，泱泱大中國，與物理、化學、醫學生理等任何領域都無緣，而文學獎尤其煎熬熱愛文學的中國人。

中國是有輝煌燦爛文學傳統的大國，為何在現當代文學如此落後？一百多年來，日本都拿了兩個諾貝爾文學獎，中國卻是一張白紙，蓋不上一戳獎狀（章）？眾說紛紜中得出兩個結論，一種認為瑞典文學院不懂中國文學，所以品鑒不了中國作家；另一種認為中文作品離世界優秀文學還有距離，沒有作家有資格得獎。好面子的中國人還杜撰出自慰的故事：倘若老舍不自殺，一九六八年的諾獎得主就不是川端康成了；而諾獎評委馬悅然則違規「洩密」，說沈從文一九八八年不去世一定能得獎。總之，中國有七、八個作家與諾貝爾獎擦肩而過。

中國人的情結就是瑞典文學院的壓力，十幾億人的文

學大國沒人得獎，諾貝爾獎還能算世界性文學大獎嗎？於是，二〇〇〇年，原中國人高行健就覓得了第一個桂冠。

　　文學是曹長青的本行，他也樂見中國作家夢想成眞。他印象中的高行健是現代派作家，可能懂法文受西方文學影響而超過其他中國作家，既然瑞典一定要給中國人，給他也許最合適。

　　然而，當曹長青捧起獲獎作品《靈山》，不由詫異萬分，小說難以卒讀，不是形式和內容古奧艱澀讓人卻步，而是故事（根本就沒有故事）情節亂得沒法讀。如此既無思想性、亦無藝術價值的作品竟獲諾獎？百年來，登臨文學最高殿堂的，並非都是最優秀的經典精品，被遴選上的平庸作品也不少，但平庸到讓人讀不下去卻不多見。這樣的作品能得獎，那不是糟蹋諾貝爾獎，而是糟蹋文學藝術，破壞人們的文學鑒賞力，因諾獎作品得到文學愛好者欽慕，是他們學習仿效的範文。

　　高行健獲獎後的兩個多月裏，曹長青只見港台文學界沉浸在高行健熱中，與高行健沾點邊的海外文人亦忙於道賀獻媚，卻幾乎沒人評論高行健的作品，即便是捧場的文字也好，可以讓讀者知道妙在何處。

　　曹長青不能等閒視之。如同任何摯愛文學的人，他心目中的高尚文學應該是聖潔的藝術品。他不願讓僞精品誤導盲從諾獎作品的大眾，便花整整兩個月研讀文本，走了趟熬人無趣的閱讀旅程。但「轉行」新聞工作十幾年，是次返回熟悉的文學領域，讓他盡興發揮專業學養，過了一把癮。他

一口氣寫出十篇精彩評論，有理有據地論斷高行健的作品是
一絲不掛的「皇帝」。

《靈山》不是任何意義上的小說，換言之，它不是傳
統意義上的小說，因它沒有完整的人物和故事情節；它亦不
是作者宣稱的「現代派小說」，因它幾乎沒有任何細膩的心
理刻劃，沒有意識流和哲學思考，只胡亂滾動著一堆和主人
公思維無關的民俗、景物等外在事物，所以《靈山》不具備
現代派表現手法。

概括說，這個籠罩在霧氣裏的神秘《靈山》由一大一
小兩堆垃圾壘出，大堆是歷史掌故、道聽途說、民俗傳說；
小堆是作者淺薄且沒文采的絮叨與呻吟。《靈山》既然只是
頹壁殘垣，而不是一棟高樓，讀者就無法勾畫它的輪廓，也
就談不上辨認它的藝術風格。至於書中粗鄙雜亂的語言，氾
濫低俗的性描寫，更是垃圾中的毒素，只能倒讀者的胃口，
貽害小說的藝術品味。

許多讀者看不清《靈山》是垃圾和廢墟，是被作者的
小聰明迷惑了：首先他不給人物起名字，故弄虛玄地用「我
你他她」等人稱取代，藉此穿上了「現代派」的外套，成為
障眼法，把不了解西方現代派的讀者唬住，以為這是現代派
的抽象和深奧；其次，他給《靈山》解釋出了「哲學」意
境。再加灼眼的諾貝爾獎金光一照，刺得人無法睜眼辨識。

高行健在用西方「現代派」唬住了中國人的同時，又
用表現「中國文化」和「東方神秘主義」唬住不了解中國的
西方人。他在斯德哥爾摩大學演講的題目是〈文學與玄學，

關於《靈山》〉，解釋他的作品是表現中國的三種文化：道教與佛教；民間藝術；以老莊哲學、魏晉玄學和禪學爲代表的純粹東方精神。且不說這道教佛教文化怎麼和純粹東方精神並列，也不精研上述到底是多少文化，就說要在一本小說裏表現中國幾千年的三種文化是多麼不可思議。

高行健在《靈山》中既要表現中國的三種文化，又要表現「追求目標是無意義的」，還要表現「要逃避人群又渴望人間溫暖」，在一本小說裏表現三個完全不同的主題，連現代派的鼻祖、極盡創新努力的喬伊斯也沒敢嘗試過。

事實上，高行健的現代派就是絕妙的藏拙法，因他比任何人都清楚，他不具寫傳統小說能力，如何塑造人物，構思情節和描寫細節是來不得一點假的。

《靈山》的形式如此不堪，立意也違拗諾貝爾獎所鼓勵的宗旨。小說中的主人公宣稱，個人能力極爲渺小，千萬不要背上拯救全人類的偉大責任。他只要自己逃跑，逃到女人的褲襠裏。他還要躲避第二個責任，作爲男人對女人的責任，女人只是給他「用」完就丟的器物。

這正是時下無數的中國人深陷其中的，高行健哪裏是在「創新」？

《一個人的聖經》比《靈山》還等而下之，名爲小說，實是雜燴。「小說」由三個組成部分，也是用三種體裁來寫的：第一部分，「他」回憶過去，是未加整理的記實材料堆積；第二部分，「你」和「他」跟女人們的性愛，是末流色情小說；第三部分，「你」和「他」對政治、文學和人

生等的議論，是三流散文和不入流的政論文的雜交。

高行健一面強調討厭政治，一面口號式地大寫、特寫政治；一面譴斥專制政府泯滅人性強暴人的靈魂，一面樂此不疲地把女人當泄欲工具強暴女人的精神；一面盡性地寫下半身，一面極盡諷刺地用最高雅的形而上標題──《一個人的聖經》，這就是高行健《聖經》的全部。

高行健用作品走淺薄的反共捷徑：你要求對黨忠誠，我就徹底犬儒，嘲謔一切信仰理念；你要共產主義的英雄形象，我就要沒有主義的一條蟲；你極左，我就極右；你一心為公，我就一心為私；你說要犧牲今天為了明天的美好，我就絕對活在當下，享樂今天；你絕欲，我就縱欲；你讓我披一張人皮，像聖人一樣裝模作樣，我就赤條條做一頭野狼！

一句話，高行健就是用真獸性對待共產黨的假道學。

書中對文革中的慘烈沒有任何恐駭、憤慨和思考，只是冷靜地看一眼，然後不動聲色地轉身走開，真是名不虛傳的「冷文學」。他解釋書名，因《聖經》講的是原罪的故事，同他希望表達的一致。卻不知《聖經》的核心是祈禱、懺悔和贖原罪，而他以「聖經」的名義，非但絲毫不懺悔任何罪與惡，反而表達恣肆、玩味、放大原罪，甚至一壁往他的「聖經」上撒精液，一壁開心大叫：「這真美妙得沒治啦！」

讀畢如此諾獎作品，曹長青喟歎：偶然在這個世界所起的作用可能超過任何其他因素，中國人倒楣死了，盼望多年的諾貝爾文學獎，完全就像《鐵達尼號》，首航就撞冰

山，一頭栽進大西洋。

　　爲了探明高行健的得獎經緯，出於記者的嚴謹，曹長青直接採訪馬悅然，果然得到非同尋常的答案。

　　馬悅然是瑞典文學院唯一懂漢語的評委，他認定《靈山》是一部前所未有的作品，這是《靈山》最終得獎的冠冕堂皇的理由。不爲人所知的是，《靈山》出中文版前，馬悅然就把它譯成了瑞典文，《靈山》得獎，既加重了他在評委中的份量，又讓得獎的《靈山》在瑞典文熱銷，譯者馬悅然的可觀收益也就不在話下。

　　這是洋版「伯樂」和「千里馬」的一段「佳話」。

二

　　高行健得獎的最大好處，就是打破了中國作家對諾獎的魔咒。於是，被諾獎弄得神魂顛倒的中國文壇，從此不再自卑。高行健唬成一把，開了「先河」，後邊就可以順流騙下去，中國與他比肩的大作家多了，誰又一定與它絕緣？名氣和作品都遠在高行健之上的王蒙就是其中之一。

　　二〇〇三年七月，在諾貝爾文學獎公佈前三個月，南京《現代快報》等媒體報導，王蒙今年第四次被「美國諾貝爾文學獎中國作家提名委員會」提名。幾位中國文學評論家和教授，還正經八百地討論起王蒙能不能如願問題。

　　曹長青聞之，忍不住皺眉苦笑，「皇帝的新衣」又上演了，每年演一回。他決定湊「熱鬧」加入進去，揭穿〈王

蒙和諾貝爾獎提名騙局〉，扒出在美「中國作家提名委員會主席」冰凌是何方神仙？又如何與王蒙演雙簧！

冰凌真名姜衛民，時年四十七歲，一九九四年從福建來美，自報在福州某報當過編輯，還完成了上海復旦大學新聞學院的學業。他在康州餐館打工，做收拾碗筷、清理桌子的Busboy，名曰「助理侍者」。一九九六年，冰凌在美成立「全美中國作家聯誼會」，自任會長。一九九八年，又籌組「美國諾貝爾文學獎中國作家提名委員會」，自任主席。

在美國你成立「全宇宙作家協會」，自任主席都沒人管，只要不是盈利機構，連註冊都不需要。所以，冰凌「組建」「提名委員會」只能矇騙中國文壇和媒體。

按瑞典文學院的規定，四種人有資格提名諾貝爾文學獎候選人：一是瑞典文學院院士和相應的他國文學院士；二是高等院校的語言和文學教授；三是諾貝爾文學獎得主；四是各國作家協會主席。由此可知，冰凌不具上述任何一種資格。

一次，兩位福建作家到康州，冰凌帶他們參觀馬克‧吐溫故居，他在門前發表文學見解。他手拿「話筒」擺出「演講姿勢」，左右站著兩位作家，並拍照記錄。然而，除拍照者沒一個聽眾，他的話筒既不聯機也無音箱，整一個假戲真演製造新聞的小圈套。

後來王蒙訪美，冰凌與他搭上關係，極盡恭維地給他跑腿當司機請吃喝。王蒙被冰凌「提名」後反應「高妙」，明知冰凌沒有提名資格，卻煞有介事地「躲」到北戴河「迴

避」記者跟蹤，配合他被諾貝爾獎提名的新聞炒作，以此增加「提名」的眞實性。

　　王蒙被「提名」後投桃報李。冰凌去北京，作協副主席王蒙讓作家出版社出《冰凌自選集》，他爲《自選集》寫序，稱冰凌「是一個永遠不墮其志的獻身於文學者」，其作品「反映了一種對於更高文明程度和個人尊嚴的呼喚」。

　　北京召開近千人參加的第六屆中國作家代表大會，冰凌又通過王蒙被邀請作爲兩名海外特別貴賓之一出席會議。另一個貴賓是在康州開日本料理的餐館老闆，因王蒙兩次到美國，都下榻這個餐館，接受吃住免費的款待。這家餐館的另一個名字是「中國作家之家」。

　　曹長青的文章被海內外媒體轉載後，美國之音製作專題節目，連線曹長青、冰凌及哥倫比亞大學文學教授夏志清談「提名」王蒙一事，冰凌迴避參加。

　　曹長青指出，世界上沒有哪個國家設立「諾貝爾文學獎提名委員會」，冰凌卻能創造出一個，自己當主席，另兩個副主席都是餐館老闆。況且瑞典文學院對提名者和被提名者有保密五十年的制度。冰凌每次提名後開記者會，公佈人選大造聲勢。說穿了，這場鬧劇中冰凌是「皇帝新衣」中那個「裁縫」，王蒙是那個幫襯的「老臣」，兩人合夥行騙誤導大眾。

　　冰凌和王蒙年復一年出演的獨角戲到此劇終。

三

王蒙虛張聲勢炒作「諾獎提名」，不過是空放有聲無火的煙花，自娛自樂而已。

諾貝爾文學獎向來帶政治色彩，多數獲獎作品都是思想性高於藝術性，因諾貝爾本人要求獎掖具理想主義色彩的作品。所以，無論是左派的格拉斯、大江健三郎，還是右派的奈波爾；無論是反抗共產主義的索忍尼辛，還是反抗納粹的凱爾泰斯，他們都承擔著人類的責任，高揚民主自由，批判專制獨裁的罪虐無道。

然而，瑞典文學院面對中國作家時卻忘了這條原則，第一次頒給違背這些價值的高行健，十二年後再次誤判給大陸作家莫言。

曹長青只得再次「學習」馬悅然打造的傑作，選讀莫言的代表作《豐乳肥臀》。讀畢，他立即斷定，莫言跟高行健一樣，都屬於中國式的鬼靈精。

瑞典文學院給莫言的頒獎詞中說：「他是繼拉伯雷和斯威夫特之後，也是繼我們這個時代的加西亞‧馬爾克斯之後比很多人都更為滑稽和撼動人心的作家。」

可惜瑞典文學院沒看出莫言學得萬分「謙虛」，他把馬奎斯的《百年孤獨》「克隆」到「高密鄉」就成了《豐乳肥臀》。譬如：《百年孤獨》裏有一個貫穿始終的母親烏爾蘇拉，照顧幾代子孫，《豐乳肥臀》裏也有一個母親上官魯兒，也是照看幾代子孫；《百年孤獨》裏有一對雙胞胎、

有一個活了二百歲的神人，有姑侄亂倫，有蕾梅黛坐著毯子飛上了天；《豐乳肥臀》也有一對雙胞胎，有一個活了一百二十歲的仙人，有姑父和侄女亂倫；有一個「鳥兒韓」飛上了樹；《百年孤獨》中有保守派和自由派內戰，《豐乳肥臀》書寫中國的抗戰和國共內戰……

莫言還把《百年孤獨》中的兇殺、暴力、血腥、亂倫貼到《豐乳肥臀》上，把偷情等人欲橫流的現象放大成鄉村的主流。上官魯兒的九個子女，是跟姑父（還得到姑母認可）、洋「牧師」、和尚、土匪等七個人交媾和野合出來的，和洋「牧師」生出的野種金童還是金髮碧眼高鼻樑。甚至膽大妄為地開篇就讓「洋牧師」盯著牆上聖女瑪利亞的乳房，想著那個跟他通姦過的中國有夫之婦正在分娩跟他的偷情之作；全書結尾再讓那個「洋牧師」跟那個中國鄉下女人在曠野中「野合」，高潮時大叫「哈利路亞」。

在中國，新教稱「上帝」，天主教稱「天主」，書中卻稱天主教的神父為「牧師」，他不懂宗教常識卻敢褻瀆上帝的「下半身」。

莫言還自鳴得意地介紹自己的「學習方式」：「讀了福克納之後，我感到如夢初醒，原來小說可以這樣地胡說八道」，於是，他就開始放膽「臨摹」福克納、馬爾克斯等人的作品。幾年後，他坦言「至今我也沒把福克納那本《喧嘩與騷動》讀完」。對自己拜服模仿的作家作品，居然好多年都沒看完，連棗還沒完全囫圇吞下，就浮躁地急沖沖「胡編」《豐乳肥臀》等作品，能寫出什麼傑作？

　　莫言爲掩藏缺乏細膩刻畫人物的功力，披上「魔幻現實主義」這件織錦外袍，利用東西方彼此不皦不昧的剪刀差，把「中國文化」和「西方現代派」糅合成一個怪胎，讓兩邊都大眼瞪小眼，成爲博得最高文學獎的「原創」藝術。於是，所有不合情理，不守規則，不循牌理，包括粗燥乏味的文字等「百醜」，都化腐朽爲神奇地被「魔幻」地「遮」去。恰如一塊裹腳布，掛在西方藝術園地撿來的旗桿上，就魔幻成中西結合的「現代派藝術」。但裹腳布就是裹腳布，無論讓它飄得多麼時髦、冠上多麼貌似高深的名頭，扯下來都不堪目睹。讀完這樣的文學作品，沒有令你欣賞的人物，沒有令你怦然心動的細節，亦沒有讓你拍案叫絕的文字，產生不了情感共鳴，更得不到思想啓迪，唯有煩膩和噁心。

　　曹長青不得不信服，莫言眞是高行健樣的頂級人才，攪渾一個淺水坑，讓你看不見底兒，然後宣稱「我的池水海洋一般深」，把惡俗之作推上大雅之堂。

　　如同高行健得獎，莫言中彩的操盤手也是馬悅然。

　　老馬識途的馬悅然成功「培養」出一個高行健後，再如法炮製一個莫言，把他的作品《生死疲勞》推上獎台，再玩瑞典文學院一次。

　　馬悅然接受曹長青的九十分鐘採訪時，表露過文學鑒賞水準。

　　馬悅然是研究中國古文的學者，只研究過《左傳》、《公羊傳》等中國古漢語作品，一輩子鑽在「之乎者也」裏，對中國現當代文學完全沒有宏觀把握。他也沒讀過幾本

西方作品，對西方文學的瞭解也相當貧乏，在此基礎上比較中、西文學只能是空中樓閣。

　　曹長青請他談高行健、莫言的思想、藝術、語言「高」在哪裏，他用大而空的溢美之詞作答，那些評語可套在一百個作家一千本作品頭上。他能當瑞典文學院的院士，全憑他研究誇耀有五千年歷史，有十億人掌握的中國文化，這是瑞典文學院的可憐，亦是中國文學的可悲。

　　馬悅然擺弄莫言得獎時，也夾帶不可告人的私利。評獎三個月前，莫言為馬悅然五萬多字的中文小說集《我的金魚會唱莫扎特》寫序，莫言得獎，他的小書可以在中國大賣。事後他把自己的《生死疲勞》瑞典文譯本送出版社，也斬獲了開高價的版稅。

　　傻瓜都看得出其中彼此勾兌的利益交換！

文學桂冠月旦評（二）

一

有心存陰騭的人說，中國好不容易出兩個作家得諾獎，你曹長青一個個全盤否定，是出於酸葡萄心理吧！

只要看曹長青在否定高行健、莫言的同時，卻把最崇高的文學桂冠戴到魯迅頭上，就知猜疑者的品位。

因魯迅被毛澤東捧成聖人利用過，文革後出於逆反心理，不少文化人出現了另類反思。政府也今非昔比地防範魯迅，畏忌他如匕首似利劍的反體制文字，可能成為老百姓反抗政府的工具，便在中學教科書中逐漸減少魯迅的文章。於是，體制內外、政府民間兩股反魯勢力，一個隱性一個顯性，不謀而合地卷起詆毀魯迅的風潮。

二〇一五年，在各種倒魯聲浪中，曹長青逆風而上，重新研讀魯迅全集後再次確信，〈魯迅是打不倒的巨人〉！

魯迅是一顆閃亮的珍珠，不能因毛澤東把它（他）掛在脖子上就不是珍珠了，何況毛不是真的賞識他（它）！魯迅是靠文字站立的巨人，在他死後，無論是被當氣球吹上天，還是被污水灌到頂，都不如他本人的文字最強有力地捍

衛著他。

〈狂人日記〉是中國現代小說的開山之作，魯迅一出手就是無與倫比的短篇傑作，甚至好於果戈理的同名小說。小說揭示了由儒家倫理道德維持的專制統治的吃人本質，它不僅用刀槍消滅你的肉身，更用吃人的傳統文化吞噬你的靈魂，讓你成爲吃人文化的一部分而不自知。

在《新青年》編輯催「逼」下硬寫的〈阿Q正傳〉，居然刻畫出中國文學史上最經典的形象之一，不限於農民，文化人中的阿Q亦同樣多，所以形成一個「阿Q共和國」。〈阿Q正傳〉中的趙太爺代表的鄉紳惡霸，舉人的貪贓枉法，軍官的草菅人命等等，都在證明吃人的舊社會必須改變。

魯迅的確是天才，他在否定舊制度的同時，更加否定新的痞子革命。一九二一年共產黨成立，他同年寫的〈阿Q正傳〉就精準地預測到，後來的毛式痞子革命如何進行。阿Q們的革命，就是以平等、均貧富的名義共產，公開搶劫趙太爺等人的私有財產！阿Q在土地廟夢想從趙家搬東西的場面，就是毛澤東「打土豪分田地」的預想片。

〈藥〉從人物塑造到場景描繪令人如臨其境，深感社會徹骨的淒涼和絕望。

〈故鄉〉雖然像一篇散文，拿到外國讀者也能引起同感，所以日文譯本被列入日本中學國語課。

魯迅小說不啻藝術形式高超，更在於思想的深刻，像高明的病理醫師，用解剖刀挖出國人病根，至今沒有中文小

說與之匹敵。魯迅的雜文則用俏皮詼諧的文字，無情而冷峻地批判民族劣根性，像針灸刺準穴位促人思考，字裏行間充滿令人含淚莞爾的格言警句，無論在哪個時代，無論你持什麼思想觀點，都可以拿來借鑒。魯迅的文字不做作、不矯飾、更不賣弄，而是自然地表現本色、呈示眞性情，有一種氣韻、一種稜角、一股吸引你讀下去的瑰奇。在現、當代中文世界，無人的作品能集魯迅這麼多優點於一身，不由你不信服：好的文字，誰罵也倒不了；壞的文字，諾貝爾獎也挺不起。

　　有人責難魯迅用雜文罵人。不錯，評論家的工作就是「罵人」。魯迅既罵武斷專橫的政府，亦罵愚憨卑俗的大眾，最痛快的是「罵」文化人。抨擊文化人需要才智，更需要膽量，因不少文化人是支撐專制制度的幫忙和幫閒；他們的奴性，造就了大眾的奴性；他們的苟且，造就了大眾的苟且，文化痞子更是各種檔次阿Q們的樣板。面對那樣一個爛攤子中國，魯迅怎麼做歌功頌德的文章？歌誰的功？頌誰的德？結果，魯迅因「罵」得尖俏到位，「罵」得對手啞口無言而招恨！

　　魯迅罵人鋒芒畢露，但絕不下流，反而輕快風趣，與曹長青在美國看到的最好的罵人批評家類似。魯迅在近一百年前就有這種風格，令他嘖嘖稱奇。

　　魯迅罵人的文章固然多，但人們忘記罵他的人有多少！他們一堆人每人射魯迅幾箭，魯迅則要回射一圈，當然顯得淨是他在嚷嚷了。而且魯迅回擊得既「狠」又到位，比

他的對手們有力，增加了氣勢，也給人以「多」的感覺。

魯迅就一個人，從不拉幫結夥，孤獨地站在那裏，迎接那些歪曲、中傷的亂箭。誰惹惱了先生，他回手還擊，常有不必要的情緒化，但沒有了那些情緒，也沒有了那些沉鬱憤懣、生趣靈動的文字。那些情緒，許多時候恰似美味中的油鹽醬醋。

曹長青極讚魯迅遭非議的「一個也不寬恕」。魯迅堅持自己的觀點（難免有錯），至誠表露眞實的自我，比「沒有是非」的僞寬恕、「口是心非」的假寬恕好一萬倍！誠如魯迅所說：「他們主張寬容，但對於不寬容者，卻是不寬容。」曹長青還把魯迅「主張寬容的人，萬勿和他接近」當警鐘，因那種人除漿糊外，要麼是僞君子，要麼是作秀狂，多數是兩者兼而有之。

反現有體制的不少人以魯迅的一些左傾觀點全盤否定他。曹長青也不認同魯迅的那些觀點，但他理解當年的魯迅，那是時代和環境的局限造成的認識盲點。倘若魯迅再多活幾年，看到後來的時局，一定會自省轉變。毛澤東毫不掩飾地說，「魯迅如活著，要麼閉嘴，要麼進監獄」就是明證。

這就是魯迅，一個眞正大寫的人，在一個盛產鄉愿、趨奉、和稀泥的文化中卓爾不群，像汪洋中出現一座島嶼、一個燈塔，沙漠中一塊綠茵、一泓清泉。

中國文化人普遍認爲，俄國知識份子在世界範圍的名聲、影響力遠超中國知識份子。即便如此，在群星燦爛的俄

國文化人中，沒有一個對俄國文化有過魯迅對中國文化那麼深刻、那麼強烈的批判，而俄國文化中的糟粕絕不亞於中國。

這，就是魯迅在中國文化中的價值。

研究魯迅的各類文章汗牛充棟，曹長青的闡釋難免與其中的有些論點撞車或雷同，可能算不得新穎，但他理性評說所用的那份敬慕之情卻是獨有的。他讀魯迅，在享受魯迅邃義的思想和幽趣的文字時，油然產生如同重見老朋友的思念之情，彷彿魯迅生前曾跟他秉燭交談，兩人有過「人生得一知己足矣」的感懷。魯迅最讓他嘆服的是，猶如堂・吉訶德，一個人手持長戟與各種勢力對陣，傲然地挺立著。

重讀魯迅，好似汽車灌滿了油，鼓勵曹長青加足馬力，沿著魯迅走過的路前行。

二

話說魯迅，不能不提柏楊。

一九八〇年代，柏楊的代表作《醜陋的中國人》一經傳入大陸，就成為文革後全民反省的輔助教材。恰如我們在阿Q身上看到自己的影子，柏楊為我們豎起照見自己被中國「醬缸文化」污染的鏡子，有識之士又掀起檢討民族劣根性的熱潮，柏楊由此被奉為魯迅第二。

柏楊曾因發表譏刺蔣介石父子的漫畫被國民黨判刑九年，為此歷盡磨難。八十年代末，上海著名敢言作家王若望

被中共監視居住，他感同身受，去大陸訪問時，衝破阻力探望王若望，兩人相談甚歡。九十年代柏楊訪美在舊金山跟曹長青長談，批醬缸文化，斥共產暴行，還在隨後給曹長青的信中感歎，「人山人海，找一個能談得來的朋友，卻是那麼困難，有時候一年二年都遇不到一個。」

令曹長青不解的是，一個挖掘中華千年腐朽惡嗅，曾不見容國共兩黨獨裁政府的作家，到生命的盡頭又奴性地巴結國、共兩黨，自陷傳統文化的老巢，蘸用那個卑污渾濁的醬缸，忍不住為〈沒跳出「醬缸」的柏楊〉扼腕。

二〇〇八年，國民黨副總統候選人蕭萬長去柏楊家拜訪，尋求他支持國民黨的政策。此後，儘管陳水扁總統再三強調，不管發生什麼情況，台灣都不會戒嚴，民主絕不會倒退。柏楊卻無事生非，對陳水扁「戒嚴說」大為不快，以致幾天「不吃不喝」被送進醫院。住院後他又嚷嚷著出院，說要有「暴動了」。曹長青看到報導不由疑心，柏楊到底是老糊塗了？還是太精明了？為何如此誇張台灣亂象取悅國共兩黨。

柏楊此番「演出」並非偶然，而是其來有自。

二〇〇五年，中共中央電視台記者到台北採訪柏楊，時值中共飛彈瞄準台灣武嚇，他不僅不替台灣說一句公道話，還配合北京的統戰調子表示，在台灣，「我們的境遇能快樂嗎？」還一本正經地發誓，「我要活到中國的和平統一」。更矯情的是，當被問到他的子女春節回家拜年，「（是不是）特開心？」柏楊卻答：「除非中國強我才能開

心。」連中共記者回去都說，聽柏楊這麼說，「我起雞皮疙瘩。」

　　柏楊對中國人起「洗腦」作用的談話，被中共電視台放到其網頁。一年後，中共順水推舟利用柏楊搞統戰，在中國現代文學館建柏楊研究中心，柏楊還送去題詞：「重回大陸真好」。柏楊夫婦表示，台灣政局不寧，送往大陸比較安心。二〇〇六年，他就把自己的所有手稿都送到了北京。

　　文稿在獨裁中國比在民主台灣更安全，這就是柏楊今天的現實認知。以撻伐中國「醬缸文化」出名的柏楊，最後自我作踐，以做醬缸中的「蛆」而自得，也是一大奇觀。

　　魯迅留下遺言：對他自己是「不要做任何關於紀念的事情」；對他的論敵是「讓他們怨恨去，我也一個都不寬恕」。對比魯迅的決絕，柏楊不僅與早年的國共專制政敵和解，還急於去中共國「青史留名」。

　　更有甚者，二〇二一年柏楊遺孀張香華宣佈將永遠停止發行《醜陋的中國人》，還特意向中國官媒《環球時報》解釋，《醜陋的中國人》矛頭指向當時在台灣的國民黨官場，讀這本書不能脫離當時的時代背景。民進黨當局欲利用柏楊的作品搞「去中國化」，她便以這個決定與民進黨「對決」。

　　二〇〇八年去世的柏楊不僅成不了魯迅第二，而且還墜入「醜陋中國人」的宿命。

三

在中國大陸，與柏楊齊名的台灣作家、詩人就是余光中了。

> 小時候　鄉愁是一枚小小的郵票
> 我在這頭　母親在那頭；
> 長大後　鄉愁是一張窄窄的船票
> 我在這頭　新娘在那頭；
> 後來啊　鄉愁是一方矮矮的墳墓
> 我在外頭　母親在裏頭；
> 而現在　鄉愁是一灣淺淺的海峽
> 我在這頭　大陸在那頭。

這是余光中的名作〈鄉愁〉。他的作品一九八〇年代初進入大陸，那時還只是文學圈內人瞭解他。二〇〇三年，中共總理溫家寶訪美會見紐約華僑時說，「鄉愁是一灣淺淺的海峽，是最大的國殤，最大的鄉愁」，並申言「只要有一線希望，不會放棄和平統一」。在權力至上領袖崇服的中國，因溫家寶引用了余光中的詩，使他在大陸名聲大噪。

余光中也算是「反共」作家。一九七七年，他在香港教書，上課時常被左派學生批判，質問他，「你為何不教左派文學？教什麼徐志摩？靡靡之音！」余光中憂慮台灣像香港那樣被赤化，便在《聯合報》發表〈狼來了〉一文，指台

灣的鄉土文學跟中國的工農兵文學「有其相似之處」，引發與陳映眞等鄉土作家的文學論戰。

然而，當聽到溫家寶引他的詩句後，他頗爲自得地說，想不到這詩在大陸比在台灣還有名，愜意到恨不得讓全世界知道，卻懵懂不知中共利用他的詩搞統戰。

余光中回中國探親，成爲受中共「恩惠」的「貴賓」，暴力政權的警車爲他開道。那種前呼後擁的陣勢，在他的遠親近鄰面前，給他衣錦還鄉、光宗耀祖的滿足。

余光中不愧爲深諳中國文化的「詩人」，懂得如何「知恩圖報」。

二〇〇七年，國際筆會亞太會議在香港召開，大會主題是人權和寫作自由。當時，中國有三十多名作家仍在縲絏，有二十多名作家因中共阻止而無法與會。余光中在主題演講〈離心與向心：眾圓同心〉中不批評中國政府，不爲同行主持正義討公道，卻別出心裁地提出中文世界可劃爲三個：中國爲第一世界；台灣香港澳門爲第二世界；南洋新加坡和馬來西亞等國爲第三世界，借國際筆會宣講大（中）國文化沙文主義。

曹長青哀歎：柏楊強調「我們的國家只有一個，那就是中國，我們以當一個中國人爲榮……」；余光中要中共當文化第一世界，卻無超越種族和文化的普世價值。柏楊是大作家，余光中是大詩人，都自詡是「自由主義者」，也曾反對過中共封禁言論出版自由，但最終都擺脫不了「大中華」民族主義情結，更承受不住中共的榮名誘哄。由此觀之，

「柏楊、余光中們」極有代表性地表明，中國知識人要想成
爲有獨立人格的眞正的自由主義者，恰如李白的〈蜀道難〉
所說，「難於上青天」。

不為鄉愿不懼謗

—

曹長青對比魯迅的深邃，才看透柏楊、余光中的人格闕如。反過來，從柏楊、余光中在名利前的失範，使他加倍與魯迅心照神交。他遵從魯迅獨立特行的人格，摹效魯迅對同一陣營的人的態度，在反對共產極權及各類獨裁者的同時，面對異議群體中的悖異者，也堅持良知服膺眞理，以是非爲準繩、以事實爲依據，在原則問題上「疑義相與析」，絕不含混遷就。

然而，要踐行魯迅精神，也就難免魯迅有過的際遇。

二○一○年，劉曉波得諾貝爾和平獎是中國民主運動的一件大事。如同高行健得文學獎前中國人的心結，爭取民主的中國人對和平獎亦如此。雖然和平獎給過達賴喇嘛，那是表彰他「爲西藏自由和對非暴力和平解決西藏問題作出的努力和鬥爭」，對中國大陸的民主運動影響有限。而和平獎給華勒沙和翁山蘇姬，推動了波蘭東歐和緬甸的民主進程，中國大陸爭取民主的艱難和酷烈遠超東歐和緬甸，前仆後繼坐穿牢底的英雄亦不鮮見，但和平獎就是遲遲不降臨中國的

民主志士。

誰知，千呼萬喚的和平獎綬帶終於掛到劉曉波頸上時，沒頒出一個眾望所歸的領袖，反而在異議群體中引起巨大的分裂。甚至事先就有十幾名中國異見人士聯名寫信給評獎委員會，指出劉曉波的問題，期望他們不要作錯誤決定。事後論戰升級，贊成和反對的各執己見，爭拗得不可開交。

贊成者中有三類人：劉曉波當中文筆會會長時得過好處的；即使心下不怎麼看得上他的朋友、熟人，現在也要表示「我的朋友劉曉波」的；還有就是不認識劉曉波的反共大眾，他們的看法比較單純，有一個異議人士得和平獎總利於爭取民主大業。

反對的有兩類：遭劉曉波的權勢排擠打壓的；更多的是不認同他的觀點和理念的；他任筆會會長時的品行尤其讓人疑慮，把他樹為爭取民主的標杆，難以產生凝聚人心的感召力，也就無法團結反對陣營的各方力量。

在是耶非耶的激辯中，曹長青毅然推開心理屏障，告訴人們一個人格〈撕裂的劉曉波〉。

曹長青和劉曉波有過漏夜傾談的交往，按中國人攀貴附富的習性，他似乎更有資格與劉曉波「稱兄道弟」。然而，正因為瞭解劉曉波的過去，或者說瞭解過去的劉曉波，「我沒有敵人」的造作更嗔怒了他。良知和正氣不允許他沉默，他只能與歌德者逆行，從深層解析劉曉波的人性黑洞，尋找劉曉波背德言行的軌跡。

曹長青曾相當稱道劉曉波，稱道他像一匹黑馬，帶著

個人主義氣息和獨立思考精神闖入文壇。一九八六年，劉曉波寫了〈新時期文學面臨危機〉一文，狠批新時期文學的現狀，直陳中國作家「生活在荒誕中卻沒有荒誕意識」。許多報刊不敢發，是曹長青所在的《深圳青年報》大膽採用，在文壇發出一道衝擊波。

　　從那以後，劉曉波在寫作的同時加入反體制行列。二十多年裏，他如脫韁之（黑）馬地鼓搗自己，聲勢和遭逢也是九曲十八彎地大起大落，直到獲得和平獎。然而，縱觀劉曉波的言行，卻有太多令人難解的悖理乖戾，曹長青認為，原因就在劉曉波的「自我撕裂」：

　　── 一九八七年，劉曉波到深圳與曹長青等人聚餐時，模擬央視（北京中央電視台）為毛澤東送葬的調子，宣判中共的死亡。他批判劉賓雁的〈第二種忠誠〉；批判知識份子過度崇拜胡耀邦的臣民心態；第一個提出知識份子要跟黨「斷奶」；還在〈混世魔王毛澤東〉的文中說，「無論怎樣，專制還是專制，它決不會因為獨裁的開明而變成民主制，在政治上不能從一黨獨裁內部尋找力量來反一黨獨裁。」可見，劉曉波對專制制度的認識十分到位。然而，他在六四後的《獨白》裏卻說，八九民運「中斷了執政黨走向民主化的漸進的自我改造的過程，使中國發生了全面倒退」。他剛在〈未來的自由中國在民間〉中強調，「中國的所有這些推動改革的真正動力，是在大陸的民間社會。」隨後又主導「溫和、妥協、合作」的〈零八憲章〉，其中的許多條文都是站在當權者的立場上定調。他如真信體制內變

革，就是搧自己文章的耳光；如真信民間，那一次次殷切給皇權上書，欲做謀士「上諫」爲哪般？

—— 劉曉波一心兩用，身兼政論家和政治活動家兩職。

作爲政論家，他不能自洽、甚至黑白不分的言論，引起相當大的反彈；他一貫推重個人主義精神，曾經「厭惡中國文化界拉幫結夥的群體意識」，卻搶坐「獨立筆會」會長之類的交椅，還據此形成利益小團體，連基本的方寸都守不住，如此自我抵觸，不堪細究。

—— 劉曉波支持西方右翼、信守資本主義、抨擊西方左派，支持布希發動的伊拉克戰爭，還把曹長青同樣觀點的文章念給妻子劉霞聽。既然持右派理念還沒少罵西方左派虛僞，爲何跟著西方左派空喊「和平理性非暴力」的口號，直喊到「我沒有敵人」！那是連宗教家都說不出口的話。劉曉波多次批判「以暴易暴」，勸誡民眾，「不要讓仇恨和暴力毒化了我們的智慧和中國的民主化進程！」在民間壓根不存在暴力的情況下，劉曉波卻把它當靶子來打，說輕了，是以此凸顯自己高大、玩政治正確；說重了，就是弱化中國人反抗獨裁專制的精神。他在一九九三年接受紐約民運刊物《北京之春》記者亞衣採訪時說出了眞意：「包括我自己在內所考慮的不是一種民主理論上的和平、理性、非暴力，而是一種安全的考慮。……因爲這個政權實在太強大了。使用暴力，你沒有辦法與它鬥，反而授它以口實。」

—— 一九八九年北京民運期間，五月十三日劉曉波到

天安門廣場，在宣傳車上高呼「打倒李鵬」的口號。六月二日，劉曉波等四人驀地出現在學生的絕食隊伍，宣佈七十二小時絕食，把已經冷卻下來的廣場又啟動起來。他在〈六二宣言〉中說：「李鵬不是我們的敵人，即使他下台，仍然具有一個公民應享有的權利，甚至可以擁有堅持錯誤主張的權利。」還一邊「天真」地表示，「民主政治是沒有敵人和仇恨的政治，只有在相互尊重、相互寬容、相互妥協基礎上的協商、討論和表決」；另一邊又說，中共政權是「靠刺刀和謊言來維繫的不民主的秩序」，不知跟這樣的政權如何「討論、協商、表決」？二十多年後，劉曉波又一面忿怒追咎大屠殺，談到六四亡靈就痛哭；一面又高調宣稱「沒有敵人」，那麼殺死亡靈的政權不是他們的敵人嗎？

　　——劉曉波在〈最後的陳述〉中向專制政權的御用法官諂言表達善意，宣稱「沒有敵人、以愛化解恨」，不是悔過書勝似悔過書。他曾在〈獨白〉裏表示：「我與這個野蠻的專制制度不共戴天」。都「不共戴天」了，還不是敵人？人們諒解暴政酷刑下囚徒的軟弱，但把「殘缺」的無鈣骨，變成比所有人「更挺拔」的脊樑骨；把下跪的舉動，演繹成昂首挺胸，則是不可原諒的可恨了！幾乎沒人狠批中國知識份子的軟弱超過劉曉波；也幾乎沒人向共產黨悔過的「深刻」超過劉曉波。

　　——劉曉波在香港說過驚世駭俗的名言，「中國需要三百年殖民地」，香港回歸後的狀況佐證了此語，殖民確實好過共產統治。但一九九六年，他卻與一個極端民族主義份

子連署〈雙十宣言〉，倡議國共兩黨儘快連手促進和平統一。要民主政府和獨裁政權組成「聯合當局」，何等荒謬！

—— 有關劉曉波在央視作證「天安門沒死人」，此類中國式的詭辯太幼稚，不必敘說了。在回國的問題上，他曾表示「我寧可在民主的國家受苦，也不在獨裁的國家享福」，但最終還是受不了海外的清苦選擇了回國。一九九三年劉曉波接受採訪時坦言，「我在哪裏生活得更舒服，我就要回到哪裏去。」他即使回國，也在拿美國民主和勞改兩基金會每年各幾萬美元的資助，相當美國中產階級收入，坐牢期間也不缺少。

以上種種，除非劉曉波是病態雙重人格，不然，他的撕裂言行的心理和邏輯缺乏 —— 反映一個人的性格、道德觀和價值觀基石的 —— 人格統一性。知識份子沒有人格統一性，他的思想就沒有探討的價值，他的有沒有「敵人」、有沒有「大愛」，也就沒任何意義。

那麼，劉曉波撕裂言行的目的是什麼？他在《獨白》中解釋決定回國時坦承，要通過「政治投機」實現自己的英雄夢。要實現這個夢，遇事首先考量「是否對自己的形象有損害」，也就是自己的功利得失，而不在乎「對和錯」等價值取向。劉曉波坦白，他第一次在秦城監獄的悔過是「真誠地說謊」，那麼，後來的〈最後的陳述〉則是再一次「真誠地說謊」了。為此，在六二絕食中，他甚至為自己的風頭和名聲，自己的「超人」夢，自己的「孤膽」英雄夢，提議參加的人不能太多，以免光榮被分享，根本不去想那是人命關

天的廣場。

　　明白了劉曉波的思想脈絡，他前後兩次入獄也就不難理解了。一九八九年入獄後，他在央視作證「天安門沒死人」；二○○九年入獄後，他諛讚中國的「監獄人性化」，對御用法官表白「我沒有敵人」。兩次的時機相同，都面臨判刑；目的亦相同，都是向對方上呈交易籌碼，以期獲得減刑。第一次，他算計成功，被無罪釋放，便得意到喊叫「老子贏了」；第二次，他如法炮製，想再贏一次，卻意外落空，被重判十一年。但他最終還是贏了，得了諾貝爾和平獎。不過，危急時刻，他前後兩次的表現一模一樣，說明他的人格並不「撕裂」，完全可以統一。

　　至於劉曉波本人，他更不會覺得自己言行有何「撕裂」，他的所有做法，完全可以歸結到他不無調侃的那句話，「跟這個世界耍流氓很有意思」。真的太有意思了，連諾貝爾獎都耍到手了，世界上有比這更大的玩家嗎？

　　當然，曹長青不僅沒有全盤否認劉曉波，還相當肯定。二十多年中，劉曉波為結束中共專制所做的努力超過絕大多數中國人，尤其是他寫過的那些優秀文章表明，他真心誠意地追求自由民主，與專制政府水火不容，內心不願做任何有利於中共統治的事。他最後瘐死中共的監獄，成為民主事業的犧牲。也因此，曹長青很想讓自己為有一個得諾貝爾獎的老朋友而驕傲，而不是忍心寫出「不近人情」的批評文字。但他不能。劉曉波是諾貝爾和平獎得主，評論他的是非，事關推許什麼價值、欣賞什麼精神、肯定什麼人格、走

哪條路的大問題。「犧牲」和思想行為的對錯是兩碼事，一個人的正確和錯誤不能相互扯平，否則，鄧小平的開放改革也可以和六四屠城相互抵消。

〈撕裂的劉曉波〉得到批評劉曉波的人一片喝彩，也受到劉曉波同黨們的一片非難甚至咒罵，但讚亦好，謗亦好，此文必定附身劉曉波一起進入歷史。

二

平心而論，儘管劉曉波把自己懦弱的囚徒形象美化成超凡脫俗的「聖徒」，歪打正著地撞進諾貝爾大門，卻不是他刻意鑽營來的。

有一個人倒是念茲在茲地在諾貝爾大樓外轉悠了好幾年，最後還是不得其門而入，他就是赫赫有名的詩人北島。「卑鄙是卑鄙者的通行證，高尚是高尚者的墓誌銘」這句名言，穿透我們這個時代的病變肺腑，八十年代過來的誰人不知哪個不曉。

那麼，北島本人是要通行證還是要墓誌銘呢？

一九八九年初，方勵之發表給鄧小平的公開信，呼籲政府尊重人權釋放魏京生。二月中旬，北島牽頭，聯名北京知識界三十三人發表公開信，呼應方勵之的釋放政治犯要求。四月二十六日《人民日報》社論定性學潮為動亂，北島當即與一百五十名學者連署給全國人大的請願信，聲援學生。為此，他六四後流亡海外。他說，偌大的中國「容不下

一張書桌」。

　　二○○一年，北島藉為父親奔喪回國，結束了流亡生涯。出於懷念故土、和家人團聚等理由，選擇回國無可非議，但他卻用「通行證」回歸，讓曹長青難以容諒。

　　北島流亡西方時，傾身勠力爭「諾貝爾文學獎」，是圈內公開的秘密。漢語作品得獎的先決條件是有瑞典文譯本，北島便用翻譯家領悟的意象寫詩，寫好後不是先在中文界出版，而是直接送馬悅然那兒，馬悅然幾乎翻譯了他所有的詩。北島還認了馬悅然的夫人為「乾媽」，於是「馬評審」自然就成了「乾爹」。

　　馬悅然確實一直把北島列為推選首位，是隨時摘冠的「諾貝爾文學獎候選人」，北島亦自信滿滿。曹長青聽他親口說諾獎公佈之前，總有一群記者等著採訪他。不料，讓高行健撞了大運，諾獎夢破滅，北島決定回國，同時擯棄「回不了國的異議作家」名號。他回國後發表公開聲明，宣佈退出「中國人權」，不再擔任理事，以此表明與異議運動「劃清界限」。

　　曹長青一九九四年發表〈有尊嚴地回家〉後，北島在電話中對曹長青說，很欣賞那篇文章。極具譏嘲意味的是，幾年後，他本人也踏上了毫無尊嚴的回家路。

　　北島在回國時宣稱，他厭倦了政治，然而沒出幾個月就和歐洲的左派作家們組團到巴勒斯坦，去慰問獨裁者恐怖份子阿拉法特。他當面諛美阿拉法特說，「自童年起你就是我心目中的英雄。」

阿拉法特是中共熱捧的英雄，以叛逆成名的北島用阿拉法特否定自我，到二〇一一年回國參加青海湖詩歌節也就順理成章了。

青海湖詩歌節的組織者是中共青海省委常委、省委宣傳部長吉狄馬加，他曾任中國作協書記處黨委書記。詩歌節邀請一些外國詩人參加，潤物細無聲地向國際社會傳遞中國鶯歌燕舞的形象。

北島在詩歌節開幕式講話，他戴著紅領巾的照片也登上中共官媒《人民日報》網頁，黨的喉舌新華社還配發專訪。紅領巾讓北島回到童真，回到黨媽媽的懷抱，也就回到了不辨卑鄙與高尚的時代。那一霎，就像電影中的一個閃失，他大半輩子的人生白過了！

當然以世俗的標準評介，北島是現實社會的一大「贏家」。曹長青如此為他作小結：他雖沒拿到諾貝爾文學獎，但在香港大學任教拿高薪，到官方紅歌活動上風采，還繼續當異議刊物《今天》主編，獲得西方資助，等於手持一張路路通的「通行證」，集流亡作家，中共貴賓，異議詩人於一身。

流亡這個抵抗專制強權的光耀名詞，被玩成追名逐利的護身符，蓋住他們陰暗的人性，一旦真相大白，好端端的一個褒義詞就變成了貶義詞。

三

流亡海外的民運異議人士中，有北島之流輕率放棄理想的，亦有至死不渝永葆信念的，記者、作家劉賓雁就屬後者。

一九八〇年代，劉賓雁被百姓譽爲「中國的良心」、「當代包公」。晚年，他在美國身患癌症，深深思念故鄉，懷戀祖國，渴望落葉歸根。但他不願以悔罪爲代價，最終平靜傲岸地客死他鄉。

遺憾的是，劉賓雁堅守的理念中包含著「第二種忠誠」，成爲他一輩子的標誌。然而，曹長青對此頗有歧義，鑒於劉賓雁沉屙在身，克制著不表，直到他過世，才公開自己〈和劉賓雁分道揚鑣〉。

劉賓雁聲名鵲起時，曹長青就和他開始交往。

一九七九年五月，黑龍江召開一個「青年創作會議」，還是大學生的曹長青就去北京邀請劉賓雁蒞臨。劉賓雁在會上論述「人的文學」等觀念十分新潮，他順便請劉賓雁去他主持的文學社團演講，彼此由此熟稔。後來，曹長青去《深圳青年報》工作，劉賓雁托他查找被關進精神病院的上訪者王福綿。他幫劉賓雁查到了此人，還協助劉賓雁完成詢問調查。反自由化運動後，劉賓雁被開除黨籍，曹長青被趕出新聞界，一九八八年，他倆前後腳來到美國。

赴美後，曹長青和劉賓雁交往的機會多了，但關係反而漸趨疏遠，皆因彼此思想分歧觀念相異，在所有重大問題

上幾乎都無法苟同。

曹長青最不解劉賓雁的「第二種忠誠」論，也就是一九四九年前的共產黨是好的，是追求民主自由，是有理想的，因此他才會參加這個黨；四九年後中共專權腐敗變壞了，他才和共產黨分手；或者說他因不忘共產黨的初心，而遭到墮落的共產黨迫害。

劉賓雁在美住了十七、八年，在他去世前一年接受探訪時還宣稱：「〈第二種忠誠〉裏應該說的是對共產黨的忠誠。⋯⋯我認為應該提倡這種精神。」他認為共產黨能在中國統治半個多世紀，全賴黨內那些「好人」支撐，中共的不幸是黨內「壞人」太多。他由此推斷出，只要共產黨中「第二種忠誠」的「好人」多於「壞人」，這個黨就有希望。

曹長青頗為納罕。劉賓雁居然沒看出，共產黨是靠謊話和暴力維持統治，哪裏是靠什麼黨內的「好人」？在用暴力不擇手段尋求建立共產主義烏托邦的錯誤理論指導下，「好人」可能給人類帶來更大的災難，如思想家海耶克指出的，「人類最深重的災難，都是由好人以最正義的名義施行的。」

劉賓雁甚至提出，「索性把中共一分為二，一個在朝，一個在野，大家來個競賽，也好叫老百姓有個選擇。⋯⋯未嘗不是一個解決問題的出路。」在劉賓雁的思路中，總要由共產黨來包攬中國的政治，而沒有考慮一個民主的國家，應該由人民選擇政黨管理國家。

去世前還在「尋找共產黨」的劉賓雁，從來就不是一

個共產政權的異議份子，而只是一個被共產黨擯棄的「忠誠的共產黨員」。所以他不甘心自己為之付出的社會主義的失敗，對蘇共垮台後俄國的民主化，對多黨制、私有制、市場經濟也甚為不滿，認為俄國不過是從昨天的共產黨官僚和特權份子的天堂，變成了流氓資產階級的黑社會的天堂。

劉賓雁作為社會主義信徒，必然趨同西方左派的作為，強烈反對資本主義，不接受市場經濟。他認為美國社會「劫貧濟富」的不公，不知美國百分之一的富人承擔美國百分之五十一的稅收。基於同樣的原因，他自然親和拉美國家的左派，如當時的巴西、阿根廷、厄瓜多爾、委內瑞拉、智利、烏拉圭等國。最極端的是委內瑞拉的查維茲，在國內限制新聞自由，把石油公司收歸國有，與卡斯楚稱兄道弟，去北京交好聯共抗美。劉賓雁卻苟同查維茲的施政。

曹長青沒有見過第二個「流亡異議人士」，對共產主義的眷戀，對西方民主制度的否定達到劉賓雁的程度。相反，令劉賓雁憂心忡忡的，是曹長青之類的年輕知識份子，幾乎全盤接受西方的制度、文化及生活方式。

劉賓雁以寫報告文學聞名。然而，報告文學這種半真實半虛構的形式，難免影響他寫作的客觀性。比如在〈人妖之間〉中，他沒採訪該文主角王守信本人，許多描述都是他的文學想像。〈人妖之間〉發表不久，王守信就被以貪污行賄罪槍決，儘管不是依據此文定讞罪狀，但至少是參考意見之一。如以十年、二十年後的經濟變革衡量，王守信非但罪不至死，他的罪行是否成立也是一個疑問。可惜，劉賓雁對

此沒任何反省，這不能不說是他留下的重大缺憾。

曹長青儘管在思想觀念上和劉賓雁分道揚鑣，但依然十分崇仰他的人品，稱他為黑暗中一束道德光亮。劉賓雁是一個充滿社會責任感的人，懷有關切底層民眾命運的悲憫之心，一生都矢志追求自己的理想，始終保持難能可貴的正直，不倦地探索著、思考著、努力著。他可能在理念上錯到底，但他不是狡猾盤算、更不是敷衍人生的犬儒主義者。

劉賓雁在一些小事的美德也讓曹長青感動。比如，在夏威夷，劉賓雁夫婦借用他的車，送回來的時候一定給加滿了油；借用一下照相機，還回時就悄悄放進一個新的膠捲。

曹長青在思考劉賓雁的一生時唏噓不已，即使是具有聰慧頭腦的人，一旦走上錯誤的岔道，已經離正途十萬八千里了，自己也可能渾然不知。他也借寫劉賓雁儆省自己，任何時刻都不能固步自封，更不能自命不凡。

劉賓雁是影響力頗大的異議人士，曹長青這一通「大批判」必然傷了劉賓雁摯友的心，他們紛紛站出來為之袒護。

前四通公司總裁、因八九民運而流亡的萬潤南與曹長青商榷，要準確理解劉賓雁的觀點：劉賓雁提倡「第二種忠誠」，實際上就是鼓動反黨、叛黨。在七十年代末的時空條件下，要劉賓雁「像原蘇聯和東歐的知識份子那樣，從整體上否定共產黨，主張結束共產主義」可能嗎？有關劉賓雁的批評美國，萬潤南則借一個美國教授的話說：「我完全支持你們反對你們制度的鬥爭，但當你們反對你們制度的時候，

千萬不要對我們的制度評價過高。」

　　萬潤南的辯辭經不住曹長青駁答。七十年代末是什麼時空？海外南斯拉夫的吉拉斯早在一九五四年（他是時任副總統）就徹底否定了共產主義和蘇聯東歐的社會主義；七十年代末，在國內的魏京生已經指出「鄧小平是獨裁者」，等於是說「皇帝赤身裸體」。而劉賓雁的「第二種忠誠」等於說，「皇帝身上的衣服有點髒，需要洗一下」，也就是說，皇帝是穿著衣服的（這是根本和關鍵！），衣服洗淨後還可以繼續穿，所以人民仍可寄望於一個好皇帝，而不是結束皇帝制度。

　　至於劉賓雁的共產主義不好，西方資本主義也不好，在沒有第三條道路的現實下，都在客觀上幫助著共產黨繼續統治中國。

　　作家鄭義從曹長青的文風上指責〈和劉賓雁分道揚鑣〉斷章取義，「曹長青使用多種手法，拼接改寫、顛倒原意，塑造了一位他希望我們相信的劉賓雁。他筆下的劉賓雁，從來就不是一個共產政權的異議份子，而只是一個被共產黨遺棄的忠誠的共產黨員。」鄭義還拿出一些劉賓雁批評共產黨的言論，來說明劉賓雁是反共的。

　　曹長青澄清了「拼接改寫、顛倒原意」的「陰謀論」後重申，劉賓雁當然有很多批判共產黨的言論，但他是批評他所認為壞的、腐敗墮落的共產黨人，而去尋找好的、清廉的共產黨人。他是要追求一個好的共產黨掌權，而不是一個沒有共產黨的中國！鄭義說劉賓雁認為馬克思主義就是一種

人道主義，從青年堅持這個理論到老，等於承認劉賓雁的思想和以前沒變化，那麼對馬克思主義的冀望和對共產黨的冀望有本質的區別嗎？

曹長青百思不得其解，他寫的一篇討論劉賓雁局限的文章，怎麼沾上「陰謀論」的嫌疑，經朋友點撥才明白，原來鄭義剛主持完劉賓雁的葬禮，「躺在花叢中的人這麼完美」的頌詞餘音還在，詎料「不通人情」的曹長青掃興地出來損一大篇兒。

時移世易，又過去了二十年，中共這些年的猖狂，即使當年再溫和的反對派人士，今天也不會爲劉賓雁的「第二種忠誠」辯護了吧？

四

直面重大的思想分歧，曹長青不懼對方是劉賓雁之類的名人或權威，都勇於挑戰，據理辨析。當然，也難免另一種狀況，有人批駁他的觀點，引起雙方的筆戰。

二〇〇三年八月，曹長青在《開放》雜誌發文：「右派來自火星，左派來自水星」，指出「西方左派反美、反資本主義」是「人類自由的掘墓人」！次月，老作家董鼎山在同一刊物批評他的觀點「非黑即白」是「文革陋習」，招致曹長青「來而不往非禮也」地「酬答」。

董鼎山是旅居美國的作家，那些年在海內外華人圈也頗有文名，他有一個弟弟董樂山，是著名翻譯家。然而，董

鼎山與董樂山一對親兄弟，同為作家文化人，卻陰錯陽差地彼此不往來。

　　董樂山一九四六年畢業於上海聖約翰大學英國文學專業。他上中學時就參加中共地下黨組織的活動，一九四九年選擇留在「新中國」，歷任新華社參編部翻譯、審稿等職。一九五七年他被劃為右派，在文革期間被長期關押。二十年後，他用遍體鱗傷見證共產獨裁制度，用自己的感受精心翻譯反極權社會黑暗的作品：威廉·夏伊勒的《第三帝國的興亡》、庫斯勒的《中午的黑暗》、歐威爾的《一九八四》《動物農莊》等，以此啓迪人們的靈魂。後兩部尤其膾炙人口，是認清共產主義惡幛的清醒劑，已成為目下中國的代名詞。

　　董鼎山長董樂山兩歲，一九四五年也畢業於聖約翰大學英國文學專業，一九四七年赴美留學，兩年後因大陸鼎革而留在美國。在美國政治上，他屬於自由（左）派，持反對資本主義、嚮往社會主義的立場。三十年後他榮歸故里，把故鄉情和當政者混為一體。他為北京報刊撰稿，都是迎合中共的意識形態，那些介紹美國的作品，充滿對西方資本主義社會熱嘲冷諷，潛移默化地摻和中共的說教麻醉國人。

　　董氏兄弟這樣吊詭的故事在一九四九後的中國屢見不鮮，所以，董樂山怒譴董鼎山「為中共講話」，「為中共張目」！

　　為此，曹長青發問：〈董樂山為何不原諒董鼎山〉？在解析董氏兄弟矛盾的因由後，針對董鼎山「非黑即白的態

度要不得」的責言告訴他：生活在專制下的董樂山，在專制和自由之間的選擇非常「黑白分明」，當他的某篇文章無法通過審查，他寧可撤稿也不按中共的意識形態改變，並且高傲宣告：「我不會寫遵命文學！」董樂山先生去世後，讓親人把骨灰帶到美國而不留在獨裁國，他黑白分明到一目了然！

曹長青也磊落申明自己和董樂山持同樣立場，「在大是大非的問題上從來沒有灰色地帶！在恐怖主義和反擊戰之間『非黑即白』；在極權專制和民主體制之間『非黑即白』。作為一個思想坦誠的知識人，我從來不回避自己屬於右翼，也從來不想討好所有人群。」他追問董鼎山，你有膽量承認自己到底是左派還是右派嗎？說自己不左不右不黑不白的人，不是頭腦不清楚，就是功利城府太深。董鼎山能在極權中國的《人民日報》發文，自然是在專制和民主間找到平衡點的人，也就是黑白不分明的人。

曹長青還就「文革陋習」，告訴沒經過文革的董鼎山，文革「大鳴大放」的最大特徵，就是政府只允許一種觀點存在，並壓制任何反駁挑戰的權利。他沒有權力阻止董鼎山批他的觀點，如何施行文革？

董鼎山還為董樂山至死沒向他道歉感到傷心。曹長青提醒董鼎山：你所做的，是用汗水的功夫，抵消著董樂山用血和淚所做的努力，應該是你向董樂山道歉，而不是相反！

說長論短辯人性

一

　　曹長青與董鼎山在思想觀念上的爭鳴，是君子之間的交鋒，彼此尚可和而不同，各自保留自己的見解。

　　然而，另一種交手就沒有那麼平和，因涉及到複雜的人性和人的道德品行，一旦對立必大傷和氣，常由激辯變成激戰。面對諸如此類的情況，曹長青依然故我毫不卻步，懇切暢言，明辨曲直。

　　一九九三年的一天，曹長青很晚回家，見到電話上有留言的標示，就按下收聽鍵，「曹長青，我是吳國光，我的電話是×××，你有什麼要找麻煩的事你直接找我好不好，你不要他媽的隱蔽地不點我的名字，你可以把吳國光的名字點出來。我剛剛從中國回來，我剛跟中共做完交易，你有什麼話你直接找我說，你少給我來這一套，你等著我的就是了，我希望你今天晚上在家才好呢。他媽個×的！」

　　曹長青被吳國光的粗野驚呆了？這不是社會上青年小痞子的穢罵麼，卻出自所謂「趙紫陽演說稿撰寫人」？「趙紫陽智囊團人物」？「《人民日報》第一支筆」之口？他著

實領教了中共最大喉舌《人民日報》評論員水準！更有甚者，在他最後罵「他媽個×的」時，他屋子裏一片哄笑，似乎在向曹長青顯示他們的人多勢眾，讓人聯想流氓幫會的畫面。

八九六四過去幾年後，在國外的一些流亡者落寞異國思鄉情切，開始叨念「歸去來兮」，個別在國內博過盛名的人尤其孤寂難熬，就去中國駐外使館「交易」，不光彩地辦了手續回國。

一九九三年，中共報紙刊登公安部通報，「徐剛、李三元、吳國光」在表示「悔改」後同意他們回國。其中造成最壞影響的是作家徐剛，回國後立即在《人民文學》上發表題為〈夢巴黎〉的報告文學。在他的筆下，給予他政治庇護經濟資助的法國的首都，是一座充滿乞丐、醉鬼、妓女和罪惡的城市。

徐剛等人開了惡劣的先例，六四時的工運負責人韓東方去申請回國，大使館就扔出徐剛等人的「悔改模式」，要他循例辦理。

吳國光對中共公開他們「悔改回國」極為惱憤，在接受《世界日報》記者探訪時，承認回國前主動與中共駐美領館聯繫，解釋自己雖參加過海外民運組織民陣成立大會並參與撰寫民陣宣言，但沒加入民運組織，回國僅為探親訪友。他一再強調自己沒任何「悔改」行為。

為此，曹長青嚴峻地提出一個問題，當年抗議中共六四大屠殺的海外中國學生學者，今天應以什麼方式回國？

是悔過下跪過關，還是〈有尊嚴地回家〉？問題的要害不在解釋的內容，而是解釋的對象與表白行動本身。向自己抗議過的專制政權的代表機構——中領館主動表白、澄清、說軟話，等於承認這個政權的權威性，等於在它面前低頭，中共當然視爲「悔過」。向中共否認自己是民運人士本身，實際上是在否定自己參加民主運動的行爲，同時，也等於否定了參加民主運動的正義性和合法性。

中國公民從海外返回自己的家園，是一個公民的基本權利，不必事先向領館說明。今天，生活在海外自由世界，既不在中共監獄遭精神與肉體拷問，更無不給中共領館下跪就難以生存之虞，爲何主動放棄自己的尊嚴？中國人尤其是中國的知識人，要等到何時才塑造堂堂做人的尊嚴？

如果順服中共要求才能進大陸的方式不受責備，等於承認中共的強橫侮人是合法的，與中共背後交易行爲也毫不羞慚，反而成爲參加過民運的人回國的規矩，那麼，這個世界上還有什麼行爲道德標準？還有什麼值得崇尚的精神價值人格尊嚴？

不錯，中共十分清楚許多人的悔過都是口是心非，但它就是要這種形式，你在它面前低頭，你的尊嚴也就隨之抵押了。這就是爲什麼有的民運人士入境後，向公安人員求情以圖「蒙混」時，中共要錄影錄音。他們留下你在這個政權的褲襠下鑽過的過程，使你的靈魂無法再純淨，以後也不能再理直氣壯地挑戰它。而人類最寶貴的精神恰恰是這種挑戰，這種說「不」的尊嚴。

　　有人說，不能苛求表白者，都是中共逼出來的，是中共太可惡。當然是中共可惡。但面對可惡，是據理力爭，還是出賣尊嚴？是群體反抗，還是群體下跪？中共並沒張貼告示要海外學人作「思想匯報」才能回國，主動表白者等於為要尊嚴回國的人設置了一個壁壘。事實上，如果大家都不向中領館表白，都不給中共權貴寫信，而用自己應享的公民權利名正言順回國，這種「可惡」就可能退卻。四十年來，中共的每一項改變都是人們抗爭得來，而不是下跪的結果。是抗爭維護了人不可辱沒的尊嚴，因「人生的價值不在於生活中的勝利，而是一個人的尊嚴」。當每一個人都珍惜和捍衛自己尊嚴時，大家才可能「有尊嚴地回家」。

　　因吳國光的申辯表明他知恥，亦因同為記者的惻隱之心，曹長青在文中沒點吳國光的名字。但吳國光不領情，勃然大怒地在電話裏罵上門，指斥曹長青「相信中共公安部」的說法，是「血口噴人」。

　　事實上，曹長青沒信中共公安部的說法，而是相信吳國光本人的話，批他「向使館打解釋電話」這個行為本身。吳國光還「直把杭州當汴州」，把有法治和新聞自由的美國當中國！給曹長青打恐嚇電話，用《人民日報》的話語威脅他，要真掌權了還容得下媒體的批評？

　　吳國光還刻意把少數「沒尊嚴的回國」和大多數「有尊嚴回國」的混在一起，自辯「我不過是這些人中一員」，以製造曹長青和所有回國人員過不去的印象，並讓人忘記他是「沒尊嚴回國」的人。他還以攻為守地說，「要實現回國

的這個基本權利，就要有回國的行爲。」質問曹長青爲何不回國？

曹長青反詰，回國當然是海外華人的基本權利，絕大多數海外學人都沒向中共領館作任何解釋就堂堂正正回去了，只有吳國光自恃人物才與衆不同地求官方認可。至於他本人，與其回國做中共的文字機器和精神奴隸，更願意享有海外的言論和精神自由，也就是寧願在自由國家當平民，也不願在專制社會當權貴，即使讓他當趙紫陽演說稿的第一撰寫人也不幹。作爲一個知識人，重要的不是身體而是靈魂能夠回去，並且是有自由、有尊嚴的靈魂！

二

吳國光曾是趙紫陽智囊團的成員，就是中南海行走，協助最高權力者推行改革，也算是掌握實權的一部分，隨著他流亡出走這點權力早已喪失殆盡，他是否存復辟回朝之心不得而知。

但流亡人士中長年醉心權力夢的不乏其人，他們反對獨裁政權的最大目的，就是「彼可取而代之」。曹長青通過與胡平的爭議剖析〈權力夢對人的腐蝕〉，深知權力夢容易使人忘乎所以。倘若共產黨是被權力腐蝕掉的，胡平之類的民運頭兒尚未奪權，就被當統治者的權力欲腐蝕掉了。

曹長青和胡平同爲流亡美國的異議人士，在反對中共獨裁爭取民主上認識和目標一致。曹長青剛到美國的那幾

年，兩人互助互動，曹長青給《北京之春》投稿必發，胡平還經常向他約稿。也因此，曹長青對胡平毫無戒心，在寫〈知識份子和共產黨〉時談到胡平的成名作〈論言論自由〉，在充分肯定該文為傳揚自由主義思想作過貢獻的同時，也指出它大量引用馬克思語錄的局限。因此，〈論言論自由〉雖然表達了當時青年知識份子最有深度的思考，但立論仍然沒有脫離馬克思主義理論框架，也沒有質疑共產黨統治的合法性，這是人民的言論自由被剝奪的根源。

曹長青完全沒料到，胡平為此大發雷霆，打電話質問他：「你讀懂我的〈論言論自由〉了嗎？你懂言論自由嗎？」並連聲喊道：「我寫〈論言論自由〉時，你在哪裏？你在哪裏？你在哪裏？」

兩人就「局限性」進行了一番爭論，曹長青便投稿胡平主編的《北京之春》，進一步闡明自己的觀點。胡平要求他刪掉批胡平在海外民運兩次分裂中負有責任的內容，他不從，幾經交涉該刊才在最末尾勉強刊出。

胡平隨即在《北京之春》發表長達二萬六千字長文，全面批判曹長青那些年發表的文章。同時連續兩期在《北京之春》刊發三篇點名批曹長青的文章，五封點名批曹長青及稱讚胡平的讀者來信。雖然如此，曹長青仍認為，即使《北京之春》整本都批他，他也歡迎，只希望能發他的答辯。然而，胡平堅拒他的〈權力夢對人的腐蝕〉。

胡平封殺曹長青文章，尚在口舌「官司」的範圍，令曹長青不齒的是，胡平還組織九人（其中七人被曹長青批評

過）聯名給台北《聯合報》社寫信，告其屬下的北美《世界日報》常發曹長青指名道姓批民運人士和作家的文章。事實卻是，曹長青在《世界日報》刊發的五十多篇中，只有四篇是批所謂「民運人士、大陸學人和作家」的，且是批他們為中共貼金，向中共下跪和扯謊的行為。

這是典型的跌入自嘲的好龍葉公，以寫〈論言論自由〉為傲的胡平，卻容不得別人對他的批評。他不過掌握一家民運雜誌，就禁言不同的聲音，他若當上中宣部長，是不是要封殺所有他不喜歡的聲音？又若獲得鄧小平那樣的權力，批評他的人會不會被抓進監獄？

三

難以斂忍的權欲腐蝕人，不能自律的性欲傷害人。

二〇一四年十二月二十三日感恩節前，流亡美國的六四學運領袖柴玲的一封公開信，在海外捲起一陣漣漪：〈「我們永遠可以找出真相，你願意嗎？」——柴玲寫給教會關於遠志明的信〉，指控遠志明一九九〇年秋在美國普林斯頓強暴了她。

遠志明是《河殤》的作者之一，因參與六四而流亡海外。他一九九一年受洗成為基督徒，二〇〇九年成為牧師。柴玲也在二〇〇九年成為基督徒。

二〇一五年二月，美國華人教會十八名牧師組成的調查組發佈〈調查報告〉，不僅證實柴玲的指控，還發現遠志

明另有三樁性侵或性侵未遂案。遠志明隨後發〈致教會弟兄姐妹的信〉，承認信主前的婚外性過動犯，但否認強姦、誘姦未遂和性侵指控。

兩個名人，兩個從共產無神論者洗心革面的基督徒，兩個天安門事件的直接參與者，兩人之間又發生了「性侵」事件，一個指控，一個否認。到底孰是孰非？

曹長青關注案件後，提出案中的焦點不是強暴，而是撒謊、寬恕及偽善問題。千百年來，在整個人類，強姦都是重罪，但信口撒謊害人卻常若無其事。事實上，強暴帶來的惡與謊言害人不能同日而語，因強暴是瞬間「非理性」的動物欲望戰勝了人的自律；而撒謊，則是「理性」人在清醒狀態下理智地做惡。讓個人和家庭最痛苦的，讓群體和國家最遭難的，都由謊言造成。共產主義的核心是謊言，謊言是人類的萬惡之源！

如柴玲編故事害人，把兩情相悅的性行為指控為強暴，那麼柴玲的「誣謗」就可能把遠志明送進監獄。同樣，如遠志明強暴了柴玲，卻反咬柴玲約他過去，還穿睡衣應門（等於主動勾引），還把一次性行為說成多次以示你情我願，就是嫁禍於人，實在是比強暴更嚴重的罪。

那麼，他們兩人誰的陳述更可信呢？

柴玲從二〇一一年起私下單獨和遠志明溝通，說饒恕了他，希望他道歉，願意跟他和解。未果，又去找牧師，希望在教會內部解決，教會不理她。出於無奈，她才發公開信。如果她沒遭強暴，就不存在私下要求遠志明道歉一說。

而面對柴玲事隔二十年後願意「饒恕」他的電郵，遠志明回電第一句話就問，「這事你有沒有跟人說？」如果他沒有強暴，他的第一個反應應是疾憤。被蒙冤指控強姦或性侵，是致人死地的重罪！哪裏談得上以「饒恕」了結？尤其是，如果柴玲是惡意「誣栽」，遠志明為何要去跟她見面道歉？

還有一個邏輯常識：你不會去跟事情親歷者諁謊，柴玲不可能沒事找事給遠志明發這樣的電郵。還有一個過硬的佐證，柴玲主動接受測謊器鑒定並順利通過，而遠志明卻拒絕做。

到此，誰真誰謊，誰是誰非應該不卜可知了。

人們不解的是，柴玲為何十九年後才揭露遠志明？曹長青根據柴玲的行為軌跡，作了合情的推想。

柴玲起初把這事「昭示天下」，只是想表達，由於曾被後來成了基督徒的名人強暴，而導致她延誤十九年走進耶穌。她越感到信仰上帝後的美妙，就越是痛悔「怎麼沒早信」！她的「好事」被誰阻礙了？那個成為名牧師的遠志明！他強暴且不認罪道歉使她無法走進上帝。所以，今天越痛悔沒早信，就越痛恨那個耽誤了她「靈命」的人。如果柴玲至今沒信上帝，那麼這事可能一直埋在她心底。

柴玲指控遠志明強暴事件，海外主要華文媒體幾乎都不予理會，其中的一大原因，是柴玲成為基督徒後發表「寬恕」六四屠夫的言論引起反撥，使很多人對她受害一事漠然視之。

有些事確實難以理喻。不少原來反共的人，一成基督

徒要麼開始喊寬恕殺人犯；要麼開始喊服從權柄（哪怕是獨裁者），柴玲和遠志明是這兩類的代表。

　　曹長青提醒那些認為柴玲活該的人，以遠志明為首的十九名牧師和知名基督徒簽署的〈舊金山共識〉，其中的問題遠比柴玲的寬恕論更嚴重！〈共識〉中竟然有這樣的句子：「我們祈禱，願上帝賜福中國的執政掌權者，使他們更有治國的智慧與能力……我們祈禱，願全能的上帝，賜福他的兒女，以百般的忍耐、溫柔、謙卑，順服上帝賜予執政掌權者秉公行義的權柄。」這豈止是寬恕殺人政權，而是要上帝賜福、賜智慧、賜能力給他們繼續專制，號令被奴役的人們「以百般的忍耐」做獨裁者的羔羊，「順服上帝賜予權柄的掌權者。」

　　柴玲的「寬恕論」和遠志明等人的「順服論」，哪個更荒謬絕倫？曹長青作了結審。

四

　　海內外民運和異議人士中，像遠志明和柴玲那樣皈依上帝的不少，但真正篤信上帝，依照聖經教義行事的幾多？試看口中念念自詡「虔誠教徒」的余杰。

　　八九六四時，余杰還是高中生，他雖然沒有參加運動，事後卻自抬一級，一直以八九一代自矜。在唯恐避六四之不及的氛圍下，余杰的姿態得到不少異議人士的稱讚。他在北大讀書期間，寫了一些頗具獨立意識的作品，在當時的

氛圍下贏得了一定的文名，此後以異議作家身份活躍於海內外。在劉曉波當獨立筆會會長時，他擔任副會長，也算是年少俊傑。

那年，余杰與王怡等人受小布希總統召見，是他的鼎盛時刻。然而，蝸角官位，蠅頭名氣，最是檢測人性的利器。以前他一貫以基督徒的名義，與中共一個調門論說法輪功。這次又裝神弄鬼用基督徒取代民運人士身份，演了一折排除異議人士郭飛雄見布希的把戲。余杰跟布希總統說，「中國出現了一批為自由和人權而奮鬥的基督徒，我們與以前那些沒有信仰的民運人士之間有了根本的不同。」中國需要「屬靈」的領導人。言下之意，未來中國應該是「余杰們」做領袖，而不是非教徒的民運人士。余杰回國後聲明，「作為基督徒的布希與三位來自中國家庭教會的基督徒之間的私人交流」，扭曲「美國總統關注中國人權」的政治性質和意義。

余杰以此凸現他作為基督徒高人一等的姿態，又降低遭中共當局迫害的危險性。

余杰等人的「排郭門」事件在異議群體中引起公憤。

劉曉波獲諾貝爾獎以後，余杰在相當長的一段時間裏，幾乎每文必提劉曉波；每文必為劉曉波的「我的最後陳述——我沒有敵人」辯護；每文必談他和劉曉波的密切關係，從朋友，到密友，到秘書，到助手……余杰就以這些身份，在劉曉波得獎一年後的極短時間裏，火急火燎地寫出一部《劉曉波傳》。

　　曹長青讀之，一眼看清〈余杰步劉曉波撕裂後塵〉。

　　世事常以謔劇的形式上演。把劉曉波捧上天的余杰，曾被劉曉波入木三分地描摹：「才二十幾歲，這麼小小的年紀，初涉文化界，卻圓滑得如同歷盡滄桑的商人或政客。」對已過世的錢穆等名人專狠地要剝他（們）的皮；對在大學裏有用的老師，「卻極盡讚美、奉承之能事……這些優雅的肉麻之諛……（到了）無所不用其極的諂媚」程度。如今，步入中年的余杰，在《劉曉波傳》中，把「無所不用其極的諂媚」用在了曾鞭撻他的劉曉波身上，這是絕妙的黑色幽默？還是絕頂的高徒境界？

　　曹長青讀《劉曉波傳》的第一感覺，就是幾乎分不清哪是劉曉波「寫」的，哪是余杰寫的。書中除引用各種揄揚劉曉波的回憶外，大量剽竊劉曉波的作品內容，相當大部分是余杰本人帶主觀色彩的一面之詞。為表示《劉曉波傳》的「客觀性」，還加一點劉曉波自己披露、反省的風流韻事，卻完全回避關於劉曉波言行、思想的討論和批評，好像中國民主運動的道德豐碑會因余杰這本傳記而高高聳立。

　　書裏寫了不少劉曉波的生活細節，不感人卻讓人過目難忘，「劉曉波非555香煙不抽」；「把劉曉波常去吃飯的地方一一記載下來，就成了北京一張特殊美食地圖」；「從法國鵝肝到義大利海鮮，從俄國紅菜湯到美國牛排，從日本壽司到韓國烤肉，劉曉波樣樣都吃。」最讓曹長青吃驚的是，他們還通宵打麻將，他腦子本能地跳出一群地痞鬼混的幻影，實在有損諾貝爾（和平！）獎得主的形象。

　　余杰在書中再現大學時代有過的兩副面孔，一副極度趨附「尊者」劉曉波，一副侮辱劉曉波的異見者，只因有劉曉波撐腰，又似爲劉曉波代言，便比當年還多一份狂氣。他說：「反對派陣營的許多名流，與共產黨的領導人一樣，都是心智不成熟的『類人孩』。……其中典型的便是自認爲中國『民主之父』的魏京生。」劍指魏京生也是有的放矢，因有不少人認爲魏京生比劉曉波更有資格得諾貝爾獎，他也算是代師（傅）出陣，挑戰魏京生！

　　余杰在《劉曉波傳》中居然說，諾獎「建立起近乎『上帝般』令人敬畏和仰望的權威」。一個成天基督不離口的人，把一個世俗的獎擺到了可以和上帝平起平坐的位置，他不怕自己敬拜的耶穌的懲罰嗎？

　　余杰一面爲俗人劉曉波的「我沒有敵人」做擋箭牌；一面把基督徒柴玲的「寬恕」（李鵬）當「箭垛」荼毒筆墨。余杰對自己的教徒姊妹，用俗人的方式怒斥；對自己的俗人兄弟，用宗教方式恭拜。這豈止是雙重標準，而是嚴重的陰暗人性的無意識撕裂。

　　余杰要拜地上的榮光時，立馬把上帝忘爪哇島去了。比如，他說中國要道德重建，就要從「以人爲本」走向「以神爲本」。但劉曉波在〈我沒有敵人——我的最後陳述〉中，大讚中共政權走向「以人爲本」。這個「以人爲本」與「以神爲本」在根基上相抵牾，還是莫須有的，與余杰所崇尚的價值觀形成雙重衝突，他怎麼都能接受？人們不能不疑惑，他到底是眞基督徒，還是以教徒名分抬高自己？

余杰在談《劉曉波傳》時說，劉曉波看到六四中那麼多鮮活的生命死去、體驗失去親人者的痛苦，所以宣導非暴力。且不說他忘了，劉曉波在央視說「沒看見天安門廣場殺人」，看見殺人就提倡非暴力，這是什麼乖謬邏輯！

余杰還說，「劉曉波的價值在於，他是自己身體力行，並不是鼓吹別人去做，自己卻躲到一個安全的地方。」按他的邏輯，他該自斥逃到美國的「懦夫」行為，也不該對中國人鼓吹追求民主。

余杰是北大才子，又是魯迅研究專家、著名教授錢理群弟子，也算一脈相承的魯迅徒子徒孫，必然掌握點魯迅的「費厄潑賴」（Fair play）精髓。讀了曹長青的文章，他該寫一篇嬉笑怒罵的反論文章，回曹長青一點顏色。誰知，余杰隨後一個月在臉書和文章中的反擊，不見嬉笑，只一味怒罵。僅摘幾段，讓人「歎」為觀止：

　　「曹長青是一個色屬內荏、人格破產的孬種！」
　　「曹長青『蜀犬吠日』！」
　　「曹長青是仇恨的奴隸！」
　　「曹長青怯懦卑賤、狹隘偏執！」
　　「曹長青成了名副其實的『食屍人』，連沒有屍體的劉曉波都不放過！」
　　「幸虧曹長青『生不逢時』，在中國公共知識份子群體中早已聲名狼藉！」
　　「曹長青在台灣偽裝出『比綠更綠』、『比獨更

獨』的模樣騙吃騙喝！」

「曹長青躲藏在遙遠的黑暗角落大肆鼓吹暴力反抗，反正死亡的都是那些跟他沒有關係的無辜者！」

「……」

倘若余杰詳細描寫曹長青如何騙吃騙喝，再把他自己和曹長青的名字放到異見群體中做民調，看看誰更聲名狼藉，不是更有說服力嗎？

最讓余杰尷尬的是，他編造說：「台灣公共知識份子楊憲宏、胡忠信、林保華等人近期眾口一詞說，曹長青身上充滿了共產黨特有的氣味。」曹長青逐一向上述三人核實，他們都否認了余杰的話。

盛讚劉曉波的「大愛」和「沒有敵人」的余杰，卻視批評劉曉波觀點的曹長青為敵人，恨不得把他「罵死」而後快而解氣，不是自己把自己的嘴巴打得啪啪響嗎？

若把曹長青和余杰的筆仗擺上公堂，作為讀者的判官從兩者的訴訟中不難得出結論：川人余杰沒寫出精彩的詰難，那一聲聲罵罵，等於自我（請君）入甕，反噬出一個「蜀犬」的形象。

可惜了這位糟蹋自己文氣的北大才子！

舉世非之不加沮

一

就事論事，余杰汙言「曹長青在台灣僞裝出『比綠更綠』、『比獨更獨』的樣子騙吃騙喝」，這股空穴來風倒不是他一個人吹出的。

在海外的中國異議人士，普遍關心台灣的命運，因民主台灣是中國人的驕傲，也是中國的榜樣，豎立在寶島上的航標，就是引導中國走向民主的燈塔，每個追求中國民主的人理所當然悉心維護它，保衛它。然而，像曹長青那樣深入台灣、瞭解台灣，熱愛台灣，成爲守護台灣衛道士的，可以說是獨一無二。他主張台灣二千三百萬人有（公投）選擇獨立的權利，因此不僅被中國極端民族主義份子稱爲「台獨份子」，視他爲數典忘祖的眼中釘，連藍營親共人士也把他當做肉中刺，欲拔之而後快。久而久之，各種傳言蜂起，最易以小人之心度君子之腹，也最合理最讓人接受的風評，就是曹長青拿了綠營和台獨份子的錢，爲牟利支持台獨。

我沒向曹長青本人核實，他是否吃了台獨的好處而「嘴硬」，只能從他與支持過的「台獨份子」的關係中去尋

找蛛絲馬跡。

李登輝是國民黨威權統治時期的末代總統，也是台灣民主化後直選出來的第一任總統。他因定義中國與台灣是「特殊的國與國關係」的兩國論，而被中共視為「分裂祖國」的第一人，也是台灣泛藍人士眼中的「台獨份子」。

曹長青多次專訪李登輝，還寫了系列文章介紹他。

李登輝的第一條罪名，就是他是日本皇民，這也是他要搞台獨的原因，他要讓台灣回歸日本。

李登輝確實是貨真價實的皇民。他生於一九二三年，直到二十二歲二戰結束，一直生活在日本統治下。日本還指定一些家庭為皇民，李登輝夫人曾文惠家擁有很多土地，也被列為皇民。李登輝有一個日本名字，上小學學的第一語言是日語，他喜歡魯迅和郭沫若，讀的是他們的日文譯本。直到一九五二年，蔣介石政府規定台灣學校一律講北京話，禁止日語和台語，李登輝才開始學習中文。李登輝這個皇民，是時代和社會造成的，他何罪之有？

對此，曹長青擲地有聲為李登輝辯：李登輝曾經是日本人，是中國的恥辱，而不是台灣的，更不是李登輝的。偌大的滿清帝國，在台灣人民的一片悲情中，把台灣拱手「永遠割讓給日本」。今天，由中國人來罵李登輝「皇民」，是本末倒置。

李登輝因提「特殊的國與國關係」論，被中共視為開啟台獨之路的始作俑者。曹長青問李登輝，「當年你哪來的膽量，敢提出『兩國論』？儘管海峽兩岸一邊一國，是瞎子

都能『看見』的一個簡單的真實，但說出來卻需要不凡的勇
氣。」李登輝回答，「我沒那麼勇敢，我是個基督徒，在脆
弱困惑時就去向上帝禱告，祈求上帝的幫助。」原來這是神
的旨意，上帝知道李登輝是一個充滿使命感的人，便借他的
口告訴世人事實真相。如同摩西帶領以色列人走出埃及，李
登輝要帶領台灣人去建立一個上帝賜予的新國家。

　　中共不大敢提的是，李登輝年輕時還加入過共產黨，
只是僅過一年多就退黨了，因他的人道主義情懷與沒人性的
共產黨格格不入。憑著這種情懷及虔誠的基督教信仰，李登
輝作為繼任威權統治的總統，毫無戀權之心，在二〇〇〇年
放棄參選。台灣從此真正實現了民主，是中國歷史上的空前
創舉，它告訴中共獨裁政權，只要不霸權，中國人的政權也
可和平轉移，而不必定要經過腥風血雨。

　　從這一點說，李登輝創造了歷史。

　　李登輝還提出「生命共同體」和「新時代的台灣
人」，不以血緣、族群、省籍劃線，而應以「公民意識」和
「社區意識」融合所有在台灣居住的人。他特別強調這個共
同體必須是「民主的」而不是「民族的」。他不是要用台灣
的「民族主義」去對抗中國的「民族主義」，而是要用台灣
的民主戰勝中國的專制。這是李登輝高於很多台獨政治人物
之處，也是他的號召力和生命力所在。

　　然而，與陳水扁不和後，李登輝開始改變自己的主
張，說「我從未主張過台獨」，「我不是台獨領袖」，更批
評「台獨是退步的、危險的」。

曹長青聞之不得其解，推究個中原由。

李登輝與一直爲台獨而奮鬥的人不同。他的「特殊國與國」建立在維持中華民國的正統性上，只不過這個「中華民國」不再涵蓋中國大陸和外蒙，而只含台澎金馬，並主張在此基本上「制憲正名」。

陳水扁續任總統後，李登輝強行要求陳水扁「制憲」，陳水扁在電視上提出反論，導致兩人關係惡化。

紅衫軍「倒扁」，事關綠營前途，李登輝卻貶辱陳水扁「沒教養，沒品味」，且明知國務機要費是制度的缺陷，也不爲陳水扁解釋。

曹長青爲此事去見李登輝，開門見山給他提意見，以局外人的角度談事態，轉告外界對他的批評，但他拒絕接受。還把勸告的人當成陳水扁的說客，甚至發公開信指控民進黨比國民黨更腐敗，即使綠營垮了，他也不在乎。

曹長青不能理喻，李登輝作爲政治人物，爲泄私忿偏執到如此地步。他用權謀推進台灣民主化是炳彪史冊的貢獻，但他習慣於指點江山，加上有與陳水扁爭光環之嫌，使他背離了作爲台灣精神領袖的形象，也有礙於台灣民主進程。

曹長青從稱譽李登輝轉爲批評，導致李登輝周圍一些人跟他翻臉。他筆下的李登輝前後函矢，恰好佐證他是基於自己的認識而率直論說，而非見利忘義的自圓其說。

二

按中共的「台獨份子」的排行榜，李登輝是「台獨祖師爺」，他的後任陳水扁就是「台獨加速師」。

陳水扁二〇〇〇年當上總統後推行一系列「去中國化」舉措：二〇〇二年提出「一邊一國」論，強調台灣是主權獨立的國家；二〇〇三年以「方便與中華人民共和國區分」為由，在中華民國護照封面加注「台灣」；同年還提出於二〇〇六年「催生台灣新憲法」；二〇〇六年宣佈終止〈國家統一綱領〉；二〇〇七年發表「四要一沒有」，即「台灣要獨立、台灣要正名、台灣要新憲、台灣要發展，沒有所謂的左右路線問題、只有獨統問題」。

在中共的眼中，陳水扁比李登輝更肆無忌憚搞「台獨」，破壞兩岸和平與穩定，便不斷警告陳水扁，搞「台獨賭博」將自食其果。

陳水扁能夠應付對岸的恐嚇，卻難抵自己治下的擾亂。二〇〇六年九月，陳水扁夫人和女婿及他本人被控貪污國務機要費等弊案引爆倒扁運動，施明德主導聚集一百多萬人在市中心靜坐示威，企圖通過街頭運動罷免陳水扁。

曹長青以憲政原則道出「倒扁運動」之傷。台灣已是民主國家，總統任期屆滿由選票決定去留。如總統觸犯法律，經檢察機構調查定論，再由立法院表決及全民公投等依法解決。煽動群眾搞街頭罷免運動是破壞民主體制。尤其大謬的是，罷免陳水扁的理由是他的不良道德操守，整個運動

簡直是在台灣搞中國式文革。

雖然倒扁運動未獲成功，但馬英九當上總統後，立刻以貪污罪起訴、羈押陳水扁，把他投入監獄。

曹長青申言，陳水扁在受審過程中沒得到公正對待。

首先，案審違反「無罪推論」的法治原則。檢方一邊不公開偵查，一邊把掌握的細節放料給媒體，而且定罪在先，取供於後，並用恐嚇等剝奪嫌犯尊嚴的手段獲取口供。顯見陳水扁案從頭至尾是政治案。

其次，案審過程違反程序正義，不僅檢察機構有問題，還受到馬英九直接干預。初審被判無罪，馬英九即以總統身份宴請司法院院長、最高檢察長等法界高層人士，指示司法「應符合人民的期待」，明目張膽地踐踏司法獨立。此後，判陳水扁無罪的法官被廢黜，換上曾經判馬英九特別費案無罪的法官。由此台灣演出「馬英九粉絲」審判「馬英九政敵」的司法醜劇，最後重判陳水扁。

儘管如此，曹長青對陳水扁也沒少異見。

二〇〇〇年五月二十日，陳水扁因微弱的多數當選總統，便改變政策安撫對方陣營，在就職典禮上發表「四不一沒有」政策。曹長青認為這樣做只會給對方留下把柄，同時，陳水扁沿襲舊制，讓國親兩黨加入組閣，也不是政黨政治所為。

二〇〇五年，台灣TVBS電視台曝光政府主辦的高捷工程中存在舞弊，台灣新聞主管部門查實TVBS的股權是港股（中資），為此罰款一百萬元新台幣，並要求改正。為此，

司法部門介入調查，陳水扁卻表示，他在任期間「不關閉任何一家媒體」。

曹長青指出，儘管陳總統保護新聞自由心切，但此說與「我在任期間要關閉五家媒體」相同，因關閉與否的權力不在總統而在司法，民主國家遇事應由法律定奪。

陳水扁出訪時帶隨員唱中華民國國歌，也遭曹長青挖苦，國歌首句「三民主義，吾黨所宗」，那個「黨」是指長期專制獨裁的國民黨，如今台灣註冊政黨過百，再唱「吾黨所宗」，已近乎玩笑。

至此可見，曹長青對陳水扁也是既贊又貶（扁）的。

三

呂秀蓮隨陳水扁當了兩任副總統。她在中共的「變天賬」上也是死硬的台獨份子，大陸媒體用「面目猙獰」、「極端的」、「不可救藥」形容她。

按理說，同樣是「死硬」的「台獨份子」，曹長青應該為她多唱讚歌，可惜，我們看到的是曹長青對她的非難。

二〇〇二年十月二十三日，四十多名車臣綁匪衝進莫斯科軸承廠文化宮大樓劇院，挾持宮內八百五十多名人質，要求俄羅斯軍隊撤出車臣，導致至少一百二十九名人質喪生。呂秀蓮在一個集會上表示同情車臣游擊隊，認為他們不完全是恐怖活動，「許多車臣婦女（之所以）參與，因為她們的丈夫與孩子在俄羅斯鎮壓車臣獨立的戰爭中被殺害，且

（她們）本身也受到淩辱，不得已才站起來對抗。」

曹長青直斥〈呂秀蓮昏了頭！〉：

——車臣人用綁架和殺害平民的方式來謀求政治目的，被國際輿論一致定性是「恐怖主義」。即使穆斯林國家領導人都不敢支持，即使車臣「總統」也都撇清關係，唯有台灣副總統敢於「同情」恐怖份子的暴行，這種無視人類文明和基本常識的言論令人惶駭。

——任何人身上綁了炸藥要殺平民，他們就和女性、兒童這些概念無關，和人的概念無關，他們只是魔鬼和畜生。俄國的軍事行動（並非刻意殺害平民）絕不是車臣施行恐怖主義的理由。

——呂秀蓮只看到表面的所謂「強弱」，但「弱」絕不等於有天然的道德合法性，更不能認同「只要目的高尚，就可以不擇手段」而製造人類災難的邏輯。

曹長青向來認為台灣人民有自決（包括獨立）的權利，但絕不認為統、獨問題是終極目標，無論統一還是獨立，每一個具體生命活好才是目的，這也是他反對中共以武力統一台灣的理由。倘若呂秀蓮令人恐怖的邏輯被台灣人認可接受，只能對自己的政治訴求起反效果。

必須補綴的是，呂秀蓮儘管沒少挨曹長青批，但她不是耿耿於懷的記恨者。幾年後，在一次活動中曹長青偶遇呂秀蓮，她釋然微笑說，「你罵我的那些文章我都看到了。」

隨後熱心地帶曹長青參觀她的辦公室，介紹她正在做的一些專案，讓曹長青對她心生敬意。

四

陳水扁、呂秀蓮下野後，經過馬英九的八年國民黨「復辟」，民進黨主席蔡英文坐上了總統大位。蔡英文在兩岸問題上的政策是「維持現狀」。這個現狀既是陳水扁的「一邊一國」論，又是不刺激中共的「不武不統」。但在中共看來，只要從馬英九的路線上後退，不靠近中共的目標仍然是搞「台獨」。

「台獨份子」曹長青應跳上蔡英文這艘大船網魚才是，然而，他卻反其道而行之，成了蔡英文眼中的「麻煩製造者」。

二〇一〇年元旦，馬英九總統發元旦祝詞，民進黨主席蔡英文發元旦獻詞，曹長青讀後在自由時報專欄指出〈蔡英文的方向、能力令人擔憂〉：馬英九的祝詞是謊話連篇；而蔡英文的獻詞是空話連篇，兩個主席一個用謊話，一個用空話迎接虎年。

蔡英文為此給《自由時報》高層打電話表達不悅。

二〇一一年一月二十三日，曹長青在星期專論中，批評民進黨全代會通過的規則，以全民調而不是民進黨黨員選黨主席的方式。二〇一九年的民調實踐如他所言露出破綻，五個民調機構出來的結果，如同一個模子印出來，高低差都

是二：蔡英文三十四對三十六、賴清德二十六對二十八；韓國瑜二十三對二十五、柯文哲二十一對二十三；誰不疑有作弊之嫌！

《政經看民視》是台灣一家獨立政論節目，宗旨是對抗中國吞併，防範在台親共勢力，盡責監督執政黨，開播後一直是台灣綠營收視率第一的政論節目，曹長青每天通過視頻出場。

二○一六年蔡英文當上總統後，曹長青在節目中不時批評蔡英文的政策。蔡英文就在總統府與人談話時指責曹長青，一個美國人不該干預台灣的事情。

二○一九年，在蔡英文競選連任之際，有人曝出她博士論文有問題，曹長青立即研判蔡英文博士論文的發表經緯，第一個發問：〈蔡英文的博士學位是否造假？〉隨後又連寫多篇挖掘真相的文章，在前《政經看民視》節目主持人彭文正的自媒體上披露。

綠營支持者曹長青與蔡英文較真的勁頭，引發不少蔡英文支持者及海外一些支持台獨人士的不爽，連台灣外長吳釗燮都出面討伐曹長青「憑空捏造，刻意造謠，時序錯亂，荒誕無稽，表達不齒」。台灣的媒體：自由時報，芋傳媒，中央社，三立電視，風傳媒等等，不去追究調查權力者，而是打擊質疑者，更有蔡英文的支持者去他的臉書灌版嘲罵。

曹長青大有「二十年為台灣勉力付之東流」之感，但舉世非之不加沮，他並不因此退縮。勘查蔡英文博士論文的有無，不啻關係到蔡英文個人的誠信和人格，也關係到民主

台灣的品質，容忍身爲總統的蔡英文的博士學位造假，將給
民主台灣留下難以消弭的道德污點！

　　從曹長青對李登輝、陳水扁、呂秀蓮、蔡英文這些
「台獨大佬」「不能自洽」的贊詆，我找到了「曹長青爲牟
利支持綠營和台獨」的答案。

道是無情卻有情

一

　　曹長青對李登輝等人的褒貶自證了清白，但按下葫蘆浮起瓢，對他不順眼的人總有話，翻到另一面說辭，就是曹長青批這批那，在他眼裏洪洞縣裏無好人。

　　確實，你看吳國光、胡平、余杰等人，說起來都是反共或異議人士，也是曹長青的同道，但曹長青與之無情揭短，熱衷內鬥，不是讒妒毒舌之輩所爲？但他們視而不見，或者說不願去見，也不會明白，「唯仁者，能好人，能惡人」，曹長青在「惡人」的同時，也從不吝「能好人」，對眞正品德高潔的人傑英雄會至情地予以禮讚。

　　曹長青因批評劉賓雁的觀點而被指不厚道，但對劉賓雁的同仁王若望卻讚賞有加。

　　早在一九八六年，曹長青在《深圳青年報》當編輯時，就收到王若望挑戰中共獨裁體制的文章，令他十分欽敬。九二年王若望流亡海外後，曹長青和他開始交往，對他有了更多的瞭解，看出他由〈氣質決定（的）命運〉：

　　王若望的氣質就是達觀、率眞、坦誠，到老仍是一個

頑童，猶似喊出「皇帝沒穿衣服」的那個孩子。他沒心機，亦不諳算計；不故作高深，亦不裝腔作勢；不端架子，亦不擺譜，跟他交往，你不用在意什麼，也不用提防什麼。

王若望的性格在僵化的黨內顯得桀驁不馴，因此一生不受組織的待見。他不時提出有悖於中共意識形態的異見，也就不斷遭整肅，政治運動一來更是首當其衝。王若望五十年代被打成右派，文革年代因批毛澤東被判四年，八十年代被鄧小平點名開除黨籍，八九天安門運動爆發時，他帶頭走上街頭支持學生，又入獄14個月，最後被迫流亡美國。

王若望被異議人士尊為「海外民運領袖」，企望他老驥伏櫪志在千里，出頭領導海外民運。但他不懂左右逢源搞權鬥，更不會拉幫結夥耍陰謀，在華盛頓民運組織合併會議上被欺蒙折戟。

單純的王若望見不得共產黨殘賢害善，任何為之辯言都遭到他嚴詞批判，不管對方是民運領袖，還是哪方「神聖」。他讀到劉曉波誹詆八九民運的《末日倖存者的獨白》，立即寫出〈關於八九民運的反思──與劉曉波先生的「對話」〉，猛批「運動打斷了鄧小平開放改革進程」等謬言。

王若望老而彌堅、好學深思，不因循守舊地吸收新思想新知識。曹長青尤其敬仰他以豁達心態對待台灣、西藏等問題。訪問台灣時他受到國民黨的禮遇，但卻不跟國共兩黨的調子「反台獨」，而是尊重台灣人民的選擇權。老輩知識人都在「大中國主義」的薰陶中成長，像他那麼開明者實不

多見。他的反共意志也是同儕中絕無僅有的，年近八十在紐約成立民主黨，出任主席。

共同的理想和性格使曹長青與王若望成為志同道合的忘年交。曹長青傾情於年長的王若望，在他八十生日時，組織人張羅祝壽會，幾十位反共朋友趕來參加，以此表明追隨他義無反顧的抗共志業。

王若望病危臨終，曹長青趕去醫院探望。王若望逝世後，曹長青又和《中國民聯》創辦人王炳章、民運領袖魏京生等人組織操辦後事，在紐約法拉盛中央殯儀館舉行追悼儀式，有五百多人出席，開成挑戰抗議中共的大會。

曹長青還周到地為王若望遺孀羊子考慮，讓「中國人權」出面為羊子募捐，幫助羊子今後在美國的生活，讓羊子得到莫大的心靈撫慰。

面對「王若望的文學水準不高，思想水準有限」的評議，曹長青駁詰：當今文明世界都把與獨裁鬥爭當做最基本、最簡單、最明瞭的目標，只有中國才出現昏庸透頂的「誰反共誰淺薄」言辭。中國最不缺貌似深刻的「精明人」，尤其是「精明文人」，最少見的就是王若望這種「頭腦簡單」、敢說真話的叛逆者，這就是他最可貴也最令人仰視的水準。

此後，在王若望逝世十周年及一百周年冥誕紀念會上，曹長青都情真意切地寫了書面發言，不遺餘力地頌揚王若望的徹底反叛。

這就是「寡情薄義」的曹長青的真性情。

二

　　若說王若望是老一輩反叛者中的頭號硬骨頭，那麼下一輩中的頭號反共硬骨頭非魏京生莫屬。

　　曹長青因〈撕裂的劉曉波〉一文遭劉的一些擁戴者聲討：苛詰身陷牢獄的人，是助人下石的失德。他便以〈從魏京生到劉曉波〉回敬。

　　魏京生是一九七九年北京民主牆運動的代表人物，他前後兩次被中共判刑共二十九年，實際坐牢超過十八年。

　　魏京生的罪名就是在民主牆貼兩張石破天驚的大字報：一張是〈第五個現代化：民主與其它〉，要求反省毛澤東的個人獨裁，在改善生活的四個現代化上加第五個現代化，就是自由民主化。第二張是〈要民主還是要新的獨裁〉，在大眾普遍迷信鄧小平時，先知先覺地宣告鄧小平是不折不扣的獨裁者。

　　魏京生在民主牆貼出大字報前，清楚知道自己要為之付出代價，甚至做好被槍斃的準備。在北京民刊聯席會議上，許多人怕惹來政府鎮壓，勸阻魏京生。但他說：「沒有時間和機會了，必須趕在鄧小平鎮壓之前揭露他。」即使大家不同意，他也要單獨幹，回去就寫了文章貼上民主牆。

　　魏京生被捕前已知身處鷹犬的包圍，向四周任何一邊看，都有危險的影子在逼近，但他鎮靜自若。被捕後，他在法庭上自我辯護，不僅沒有任何曲意逢迎當局的言辭，而且當庭宣講「現在中國的總理和副總理（指鄧小平）是不合法

的」！

　　魏京生先在死囚室呆了八個月，然後被單獨監禁了五年，最後被送到環境惡劣的唐山監獄和青海勞改農場。在漫長的監禁中，他的牙脫落了，但精神始終沒垮。他不屈膝，更沒悔過，不僅沒寫一個求饒文字，反而在衛生紙上寫下一篇篇嘲罵鄧小平和共產黨的文字。一個被判十五年，隨時可能被除掉的人，敢於跟那個說一不二、敢動用軍隊屠殺百姓的鄧小平「叫陣」，那份膽量，那份驍勇，令人脫帽致敬。跟後來「表揚」中共「人權進步」，監獄是「人性化的管理環境」的劉曉波，有天壤之別。

　　曹長青還駁斥了魏京生過於「激進」、「不策略」的論調。魏京生的可貴之處就在指出沒人看清的真實，即鄧小平正走向獨裁，是迄今人們所知唯一一個當時公開質疑鄧小平權力來源者。同時，他提出的「政治民主化」，更是一項劃時代的訴求。發現一個簡單道理的能力遠比解說哲人已有的理論更需才智，也更深刻。

　　魏京生獲假釋一出獄就給境外雜誌寫稿，直指〈中共的人權觀與納粹同類〉，還搜集「政治受難者」名單，要組織救助活動。結果他再次被捕，又判了十四年！被關押三年多後，在國際輿論壓力下，被直接從監獄送上飛機，流放到美國。

　　魏京生到美國後，在美國是否應該給中國最惠國待遇；是否應該同意中國加入WTO；是否應該支持在中國開奧運會等重大問題上，都旗幟鮮明地堅持一條原則；凡是對

中共（而不是對中國人民）有利的事都堅決反對，他爲此到美國國會遊說議員。

魏京生的所言所行沒有精明揣摩，也沒有軟弱苟從，而是傲骨嶙嶙、勇敢執著地爲理念抗爭，不愧爲反共義士、我們這個時代和我們這輩人中稀有的英雄。

曹長青在褒揚魏京生的人格時，也不忘佩服在魏京生事件中「大義凜然救戰友的同案犯劉青」。

劉青當時與魏京生一起辦民刊的編輯，他拿到魏京生法庭辯護詞後迅速印出。民刊的同仁去民主牆前散發，不愼被警察抓走。劉青跑到公安局要求放人，說「一切責任由我承擔」。公安局的人說，沒你的事，快走吧！但倔強的劉青堅持說，不放被抓的朋友絕不走。結果朋友被放了，劉青卻被公安局留下，一關就是十年！

劉青先被兩年勞教。他也是不寫悔過書，不寫粉飾中共的文字，而是寫揭露黑暗的《獄中手記》，經他弟弟劉念春偷運到海外發表，爲此被加刑八年。他因不認罪，有五年時間被關在監獄的禁閉室和嚴管隊，四年多時間不許說不許動，警察挑選數十名犯人看管他。六四屠城前後，他像植物人被活活固定在小凳子上，不能自由呼吸，理由是不准練氣功。當局允諾，只要他認罪就可提前釋放，但意志和尊嚴激勵他經受住肉體和精神的凌虐。

這就是曹長青對眞正的英雄的讚詞。

三

勇士魏京生尙能讓曹長青保持冷靜，烈士李旺陽卻掀起他胸中的怒濤，年輕時寫詩的深情也被帶出，他彷彿回到當年，一改記者的理性文風，以魯迅式的筆調設問，〈誰說中國沒有英雄？〉傾訴魯迅式的義憤和哀痛：

「一個門牙處全是黑洞，只剩下右邊兩顆牙齒的盲人在說話：『爲了中國早日實現多黨制，我就是砍頭，也不回頭！』」

「幾天後，他居然眞的被砍頭！是，你已經知道，新的表達叫『被自殺』，他被上吊了，他的名字叫李旺陽。這事發生在二〇一二年六月。」

李旺陽是湖南邵陽市玻璃廠工人，他受北京西單民主牆的薰陶，於一九八三年在當地成立工人互助會，創辦《資江民報》。

在八九民運中，他出任邵陽市工自聯主席，聲援學運。當民運被鎭壓後，他舉辦六四死難者追悼會，後被指犯組織反革命罪，於六月九日被捕。他原被判十年監禁，因在法庭上抗辯，被加刑至十三年。

李旺陽在獄中受盡酷刑不改壯志，以絕食抗議，獄警就撬掉他的左側牙齒強迫餵食。鐵匠打的土銬子太小，銬不進他的手腕，獄警就用鉗子使勁夾，等於夾骨頭，夾得他頭

昏眼黑。他被囚於寬一米，長二米，高一點六米，狀如棺材的囚牢不下二十次，最短一個月，最長三個月。囚牢只有一個取飯洞和一個排泄洞，沒有燈光和被褥，滿布蝨子蒼蠅，他整天只能或坐或臥，無法站立。受到虐待的李旺陽患上嚴重心臟病、甲狀腺亢進、左眼失明、頸椎及腰椎病、雙耳接近失聰。二〇〇〇年因重病減刑兩年出獄。

李旺陽出獄後，身體還不能自理就加入中國民主黨繼續抗爭，二〇〇一年再判十年。到二〇一一年五月他刑滿出獄時，雙耳完全失聰，只能由人抬回家，隨後轉往醫院治療。二〇一二年五月，他接受香港有線新聞台記者訪問，依舊表示：「國家興亡，匹夫有責，爲了國家早日進入民主社會，爲了中國早日實現多黨制，就是砍頭，我也不回頭！」

二〇一二年六月二日採訪李旺陽的錄影播出後，引起海外廣泛關注，六月六日，大祥區人民醫院通知李旺陽家屬，聲稱李旺陽自殺。

曹長青無限悲恨：

「李旺陽去世兩年後我才看到錄影。看完後仰面靠在椅子上，閉目沉靜了很久。那種感覺很像二十五年前第一次在螢幕上看到被坦克碾成一塊鮮紅的人肉餅。憤怒嗎？痛苦嗎？絕望嗎？都不是。腦子一片空白。隨後是漸漸增強的荒誕感：那裏曾是我生長的地方。那裏——從『我們的生活充滿陽光』到『我們的生活比蜜甜』，唱得很沉醉。

「很熟悉嗎？我努力地思考，好像剛得『失憶症』的人，有一種半清醒的恐懼。好像是，但也不。一群打扮時髦的人在腦中的螢幕閃過。他們今天都很鬧了，魯迅先生會用這種句式說，但那裏好像不是人間。

「二○○九年讀到高智晟律師寫的『黑夜、黑頭套、黑幫綁架』，自認為很瞭解中共殘酷的我，仍實在無法相信文中描述的慘無人道是真的。一開始也和許多人一樣，懷疑那文章不是他寫的，幾度和朋友探討其真實性。後來高智晟的妻子證實是他寫的，那一切真的發生過。我一直想寫文章，但五年都沒寫出來——沒有能力、沒有筆力描述那種憤怒，不知道還能說什麼。

「高智晟曾說：甘地也好，馬丁路德金也好，他們面對的政權，其殘暴性遠不能跟共產專制的殘暴相比；印度和美國有自由媒體，而共產邪惡是發生在伸手不見五指的黑暗中。他說的完全是事實。高智晟至今在獄中，沒能為他寫幾個字，有種負債的沉重。今天關於李旺陽，我又能寫出什麼呢？中國人早已看慣了悲慘，習慣了殘酷，對殘暴也麻木了。我的筆又能有什麼新意，又能觸動幾個人的神經呢？但這次我決計，哪怕把別人說過的全抄一遍，也得把李旺陽這個名字寫幾遍，哪怕只是為了自己的不忘卻。」

　　李旺陽在「最後陳述」裏，仍然堅持譴責鄧小平鎮壓學生運動的暴行，是鐵骨錚錚的一條硬漢子！中共當局多次要求李旺陽寫悔過書，承諾只要認罪就放他出獄給他自由，但李旺陽寫出來的卻是批判中共的檄文。

　　「想到殘酷的監獄，人們總會想到法國大革命的『巴士底獄』。可李旺陽蹲的禁閉室，是遠比巴士底獄更可怕的『活地獄』！而這樣的『地獄』，李旺陽蹲過二十次。二十次！說明他起碼有二十次的不屈服！

　　「八九民運時，李旺陽三十九歲，健康結實、精力充沛。但出獄時已六十出頭，像個弱不經風的老人。監獄使李旺陽變成另一個人：雙目失明，兩耳失聰……需人攙扶才能勉強行走。

　　「採訪李旺陽的香港有線電視記者在他的手上寫：『你後悔嗎？』

　　「他的回答是，天安門的學生，他們都流了血，他們都犧牲了。而我不過是坐牢，還沒有到砍頭。就算砍頭我也不後悔。」

　　就是這樣一個大英雄，卻在病房「自殺」了，他脖上勒著繃帶吊在窗框，但雙腳卻在地面（沒有懸空），還穿著拖鞋（如自殺，拖鞋會在掙扎中甩掉）。

「李旺陽被虐殺了！古今中外，從沒有過如此殘忍的政權，謀殺一個已經被他們蹂躪到失明失聰的虛弱老人。而且殺得這麼迅速、這麼隨便、這麼滿不在乎。

「中國的監獄是人間地獄，黑暗無邊。大概只有諾貝爾和平獎得主劉曉波是住在『人性化』的環境裏。我實在忍不住地想，救地獄裏的勇士們，真是比救住在『人性化』環境裏的人更要緊。還有多少受盡摧殘、倍遭折磨、致死也不被外界知道的李旺陽正在被虐殺。

「誰說中國沒英雄？李旺陽就是中國的大英雄，他用自己的血水，一寸一寸地凝鑄著通向自由中國的路。」

曹長青用讓人喘促的慘慟文字誦詠李旺陽，在演講中提到李旺陽，總忍不住哽咽難言。唯有大愛的男兒才會為頂天立地的大英雄淚目。有大愛的男人，才會對世上不平不公的人事有大恨，才會情不自禁地對各類奸慝下手「刻薄」。

這就是愛恨分明、不吝臧否的曹長青。

四

在爭取自由民主的荊棘路上，大陸的英雄壯志未酬，台灣的鬥士前仆後繼終得正果，期間也有不少賢傑，有「台

獨教父」之謂的彭明敏就是其中之一，作爲「台獨份子」的曹長青能從他那裏找到默契，也就與他格外親和。

　　曹長青在彭明敏百歲冥誕時，讚譽他偉大的人格和不朽的精神，是〈高貴靈魂者〉。

　　一九六〇年，胡適向蔣介石引薦才俊菁英彭明敏。事後國民黨高層找彭明敏談話，暗示如入黨會獲得高層任命，被他婉拒而使蔣介石不悅。後來，他又回絕蔣經國的召見。不邀最高領袖的寵幸，就是捨棄在政壇學界飛黃騰達，彰示了彭明敏作爲知識份子的風骨與名節。

　　彭明敏不接受權力的撫摸，反而給權力老虎拔鬚。

　　作爲一介文雅書生，彭明敏用行動實施自由主義理念。行動比理論更有力，風險也更大。一九六四年，他與兩名學生謝聰敏和魏廷朝共同起草著名的〈台灣人民自救宣言〉，大智大勇地挑戰獨裁，提出兩岸關係是「一中一台」，要拒絕共產黨，推翻國民黨，走第三條——自救的道路。目標是：制定新憲法，建立新國家，加入聯合國。這是台灣人的〈獨立宣言〉，奠定了台灣的未來和方向。台灣人將不再是二等公民，不再受種族歧視和壓迫，所有台灣人都自由、平等、共榮，眞正享有人類應有的個人尊嚴。

　　在蔣介石獨裁統治最嚴酷的年代，彭明敏就敢呼籲「推翻國民黨」，需要何等的膽魄！

　　彭明敏因「宣言」，不再是傑出青年、教授、系主任，而成了牢獄犯，受刑八年。一九七〇年逃離台灣抵達瑞典，在海外流亡了二十餘年。

　　通常窮人反抗造反，爲的是攫取權力或物質享受，而貴族紳士出來革命，卻是割捨已有的財富和地位。彭明敏爲台灣獨立付出慘重代價，一生顛沛流離，直至家庭破碎。

　　一九九二年台灣民主化後彭明敏返台。回台灣後，他借住朋友的房子，在門口下車後須登四十級石頭台階才能進公寓樓。曹長青每次爬上去都很費勁，可知耄耋之年的彭先生如何艱難進出？是的，他失去了豪華公寓，沒有權貴探望，沒有喧鬧簇衛，唯一擁有的是無人能克的強大心靈。

　　彭明敏一九九六年代表民進黨參選中華民國總統。二〇二二年四月八日去世。他九十九年的人生歷程，有始有終不改初衷，昭顯了不一樣的生命意義，拓展出令曹長青高山仰止的超凡人格。

　　與彭明敏具有同樣高貴人格的是殷海光。彭明敏的學生謝聰敏和魏廷朝坦言，起草〈台灣人民自救宣言〉的思想來源於殷海光。

　　曹長青評價〈殷海光是有超過魯迅和胡適之處〉的思想家，在認清共產黨的邪淫和反動上，殷海光遠超魯迅。

　　殷海光一九四二年畢業於西南聯大，在學期間就出版專著《中國共產黨之觀察》，指出中共的本質是反民主眞獨裁；共產黨的五大特徵：詭變性、獨佔性、堅執性、國際性、崇尙暴力。殷海光在大陸時還批中共周邊救國會的所謂君子，也斥責跑到延安阿諛毛澤東的美國記者斯諾，更警告民盟們將被共產黨卸磨殺驢，羅隆基、章伯鈞們的下場都被

他不幸言中。

而魯迅一度加入共產黨的周邊組織左聯，還托人給敗逃到陝北的毛澤東送金華火腿，去世三年前還想寫紅軍。

在批判國民黨、特立獨行上，殷海光遠超胡適。一九四六年，殷海光因反共而加入國民黨，並獲聘爲《中央日報》主筆，一九四九年隨報社遷至台灣。但他很快看出國民黨的獨裁本相，同年五月就因批國民黨軍政人員而被迫離開《中央日報》。不久去胡適、雷震、傅斯年等人創辦的《自由中國》雜誌任主要編輯，寫出很多抨擊時政、責罵國民黨的銳利文字。他在一篇社論中疾呼：組織民主在野黨，對抗國民黨獨裁，指出「國民黨政權是建立於黨閥、軍閥、財閥、政閥這四大閥之上的」。

一九六〇年，《自由中國》被停刊，主編雷震被抓，一時風聲鶴唳、人人自危。殷海光卻無畏無懼與《自由中國》另兩位編委聯合聲援雷震，以「爲後世證明，中國知識份子不都像胡適等人那樣在心靈上死光了」。

胡適的名言「容忍比自由更重要」，是勸說《自由中國》的殷海光們要對蔣介石「寬容」，殷海光駁異：中國「自古至今，容忍的總是老百姓，被容忍的總是統治者。……適之先生要提倡容忍的話，還得多多的向這類人士（蔣介石們）討說法。」

殷海光曾被引見蔣介石，他全無惶恐地昂然而入，還十分厭惡蔣介石不懂裝懂談王陽明，盡顯「天子呼來不上船」的鐵鑄胸膛！

　　殷海光在去世前完成的英文著作〈剖析國民黨〉中，向專制政權投擲最後的炮彈！「國民黨可惡，共產黨可怕」。在那個年代他就如此決絕地反國、共兩黨，不愧爲中國知識份子中的吉光片羽。

　　殷海光指導修改〈台灣人民自救宣言〉，強調要以民主、自由、反共爲原則，本地人和外省人聯手結束專制。他以強大的心靈獨守在反專制求自由的道上，是悲壯似魯迅的無敵英傑！

　　曹長青幾次參觀殷海光台北故居，反復默念殷海光自撰的「墓誌銘」：「我像冰山上一支微細的蠟燭。這支蠟燭在蒙古風裏搖曳明滅。我只希望這支蠟燭在尚未被蒙古風吹滅以前，有許多支蠟燭接著點燃。這許多支蠟燭比我更大更亮，他們的自由之光終於照過東方的大地。」

　　曹長青告慰殷海光：我們後人聽到了，記住了！你不只是一支蠟燭，而是一束永恆的光，不僅照耀著台灣，也輻射到整個中國。無論多麼艱難逶迤的羊腸小徑，會有人，越來越多的人，一直沿著這束光芒，向前行……

過而改之善莫大

一

　　寫到這裏，我停下筆思忖：我所書寫的曹長青的論述和觀點，都正確無誤嗎？不！恰恰相反，儘管我基本認同他的見解，但也理智的知道，他的看法也不完美，又有誰敢說自己的論點是完美的？曹長青的異於人處就在，不僅敢於言他人所不敢言，更勇於承認自己判斷的錯謬，及時修正，彰顯謙謙君子才有的坦蕩與卑順。這正是也才是我願意寫他的理由，比起前者，後者的品格更加鳳毛麟角。因中國知識人最缺少的就是知錯就改的品性，他們的觀點或論說即使被證錯證偽，也為維護一貫正確而狡辯到底。

　　最典型的例子是韓寒造假醜聞。當韓寒的代筆事實被證實後，全國無數捧腳韓寒的著名公知，幾乎沒人反躬自省，反戈糾錯。

　　然而，曹長青卻表現了不一樣的境界。

　　二〇一〇年前的韓寒紅遍天下。他以短小精悍的博文，冷嘲熱諷政府的各項政策，刺激大眾叛逆的神經，活泛清新的風格尤其吸引年輕人，發揮了削弱專制力量的獨特作

用。

那年上海承辦世博會，韓寒為民代言，評說是用民脂民膏堆出來，苦了百姓。陳文茜在鳳凰衛視的節目中反論說，她四度採訪上海世博，深知世博的「偉大」，並罵韓寒「沒文化、說話像放屁那樣輕鬆」，激怒了曹長青，他太瞭解陳文茜，曾寫過專文批她。

那時的陳文茜是活躍在大陸港台的「攪水女人」。她一九九五年出任民進黨文宣部主任、民進黨發言人。一九九九年因反對台獨而退出民進黨。二〇〇一年以無黨籍身份當選台灣立法委員。陳文茜從跟民進黨玩，到投靠國民黨，因反對台獨，又投身中共懷抱，在鳳凰電視台開專欄節目，為中共的大外宣搖旗叫囂。

最出醜的是二〇〇四年，台灣總統大選前陳水扁遭槍擊，陳文茜在電視上宣佈，奇美醫院小護士向她「舉報」，指控綠營自編自導。但六年過去，未見小護士的蹤影。直到陳文茜本人抖出底細：「當時說那個槍擊案是假的，那是很嚴厲的指控。當時我們已經講好，我做黑臉，馬英九做白臉，大家都是在演戲。」原來所謂小護士就是陳文茜自己，整個事情是她編造的。如此人品的陳文茜，為中共站台罵韓寒，曹長青自然要為韓寒打抱不平。

詎料，一年後，當事者韓寒換了一副臉譜。一向以寫揶揄逗人小品見長的韓寒，幡然連寫三篇「大博文」，就像頑皮的孩子裝成老學究，板起臉嚴肅地「談革命」「說民主」「要自由」，而且一說就說到荒腔走板。他認為暴力革

命不可行，但天鵝絨革命又沒可能，所以革命是沒有影的；雖然革命沒有影，民主還是需要的，可惜中國人缺乏民主素質；自由當然也應該要，但大多數老百姓不想爭取。如此這般的荒唐邏輯，落入韓寒自己一直譏笑的窠臼。

既然韓寒「豹變」了，不久前還在「護犢子」的曹長青便不客氣地指出這三篇文章的要旨，就是說中國百姓不配民主。其論理的邏輯之「差」，思維方式之「俗」，文筆之「糙」，完全顛覆他此前裝給人看的形象。

韓寒還舉例說中國人開車不懂得關高照燈，素質太差。可他忘記了官員們隨車帶著警燈，可隨時把活動性警燈放到車頂，不用高照燈也一路暢通無阻。如此有「權勢」的「高素質」，老百姓怎麼能比？韓寒不僅看問題的視角改變了，而且說話的口吻也陡然從「嘲弄」變成了「祈求」，說出「我懇請官方為文化，出版，新聞，電影鬆綁」的話，他也忘了一個基本認知，人類歷史上從沒有跟暴君「求」來自由的記載。

曹長青嚴正道出，韓寒「新三篇」所起到的凝固專制城牆的力度，遠大於他的小品文啓蒙民眾的作用。

至此，曹長青還只是不無遺憾帶著善意批評韓寒。

又過了一年，開屏的美麗孔雀露出難看的屁股，原來韓寒幾乎所有的小說和文章都由別人代筆，他不過是被人操縱在前台表演的玩偶。

於是，曹長青開始參與拔除插在韓寒身上漂亮的「人工羽毛」，直到他羽毛掉盡，顯出光身赤膊雞的原形。

二

　　比起高中七門成績掛科的「天才作家」韓寒，北大學子余杰倒不是浪得虛名的作家，曹長青一度相當看好他，還把他的書《白頭鷹與大紅龍》推薦給台灣的出版社，並爲之寫序。

　　曹長青盡心推介余杰，出於兩個原因。

　　首先，余杰那儕一九七〇後生人，逃過做餓鬼的大饑荒，沒有撞上文革的摧殘；也不用上山下鄉浪費青春，從小系統接受正規教育，與五〇後曹長青那輩相比是文革後的第一代「嬌子」。也因此，他們更易安於現狀，缺乏認眞探索事物，努力改變社會的精神。余杰別樹一幟，讀大學時就以富有個性的作品走進文壇，頗爲放膽地批中國文化病灶和一些幫閒文人，在以維護道統爲主旋律的文化界堪稱異數。

　　其次，余杰們從小接受中共的民族主義和愛國主義教育，耳薰目染的是被醜化的美國，以致去美國留學和移民的人，大多數爲表現「政治正確」也高調批美。而余杰不可多得的沒受鼓惑，以異議的立場對抗中共的宣傳，《白頭鷹與大紅龍》就是他多次訪美的觀感。主旨談中美關係，介紹美國的政經文化、社會生活和外交政策，宣講美國對中國的價值，中美結成互信盟友的重要。這些認識都與曹長青所見略同。

　　另一方面，余杰在國內發推崇美國的聲音，遭到不少人的筆伐。那種時刻，最需要有人支持。曹長青儘管與他僅

一面之交，也義不容辭地出面力挺他。

曹長青在《白頭鷹與大紅龍》的序中說：此書是余杰獨立觀察思考美國的結晶。展示了他直面人生和社會思考人類命運的一份責任感。他沒有被高漲的民族主義緊箍頭腦，而是張開胸懷擁抱先進的文化和制度。余杰不是站在美國的立場，而是站在捍衛自由價值的立場，認識歷史和西方文明。他的文章如黑夜中的微光，也是人類在爭取自由的崎嶇道路上的一個亮點，值得讚許和勉勵。

曹長青唯其那麼高地評價余杰，對他寄予那麼高的厚望，才會在他無恥宣耀劉曉波又借劉自吹時，完全不考慮自己曾經為他背書，不怕被人誤解「自我否定」，而是明辨是非大於自己的面子，責無旁貸地駁難余杰，為余杰，為讀者，也是為他自己。

三

曹長青對韓寒和余杰是先讚後貶，與之相反，在對待川普的問題上是先貶後讚。

二〇一六年共和黨初選時，曹長青並不看好川普。

在共和黨最初的六場電視辯論中，川普有不少口無遮攔的任性陳說：墨西哥政府給美國送來毒品販子、強姦犯；要把一千二百萬非法移民全部送回去；要限制所有穆斯林人進入美國，把恐怖份子的家人也殺掉等；甚至說哪怕他「站在紐約第五大道向人開槍，也不會丟失選票」。川普每場演

講都再三強調自己民調第一，還自我呼喊，「川普、川普、川普！」自吹自擂到不像個成人，還隨口損主持人和其他參選人。

曹長青認爲川普的一些言行違背常理、超出文明人的範疇，缺乏可信度。川普經商贏輸是他個人的事，去從事國家政事就可能帶來災難。他甚至說川普是西方不多見的痞子，他參選總統只爲出一把風頭。

單看綜上言論，曹長青就是後來的「川黑」。

但曹長青就是曹長青。隨著競選的進展，他對川普的認識逐漸改變。川普從商人直接轉型當政治家，所以他的演講風格從好處說，用的是融入美國勞工大眾的語言，接地氣有時帶點粗俗；以美國傳統共和黨紳士做法衡量，好像有點痞氣，再加主流媒體誇大川普說錯的一言半語，破壞他的形象，更易讓人產生反感。但川普在被左右兩派媒體辱罵的情況下，在所有重大議題上一條也不後退，並最終贏得黨內初選。

曹長青開始看出，川普是眞正想幹事的人。意識到先前對川普的評價過於嚴苛，他便糾正自己的偏見，對川普從蔑視轉而認同。

川普的氣魄和膽略固然可貴，但他的氣度和胸襟更加不易。克魯斯在初選時和川普有過言語上的廝殺，但川普不計前嫌，在共和黨代表大會上邀請他上台講話；羅姆尼在共和黨初選期間怒言川普，甚至呼籲抵制川普，但川普當選後邀請他去川普大廈共進晚餐；川普還邀請了競選對手、嚴厲

質問過他的女候選人費奧瑞納去川普大廈交換意見；川普使用支持盧比歐反對他的南卡女州長海利任美國駐聯合國大使；川普任用對他既不買賬也不客氣的前德克薩斯州州長裴利做能源部長……

川普在競選時寸步不讓，表現得盛氣凌人，但當選後他克制自己的倨傲態度。在共和黨首場辯論會中，福克斯電視台的女主播梅根·凱莉責問川普玷辱女性等的問題，川普沉不住氣發推惡語相向。九個月後，凱莉提出要採訪他，他欣然接受，而且應對得十分理性、禮貌、友好，盡顯總統應有的紳士氣派。

川普特地去他本應輸掉、卻大贏的幾個州進行酬恩之旅，感念那裏的選民和全力為他助選的共和黨地方草根組織。福克斯電視台的幾位主持人為他的勝選立下汗馬功勞，他和妻子親自給他們一一打電話致謝！

川普的上述表現跟那個人們在電視上看到的驕慢、有時不無失禮的商人川普判若兩人。

曹長青開始對川普另眼相看。

此後，川普的執政力度遠超堅挺他的人對他的期望，不僅兌現實施競選時的全部承諾，而且除了被議會阻撓無法實現者，幾乎完成了所有項目，這是美國歷代總統所罕見。

曹長青由此成為川普的鐵杆支持者，還專門發表一篇文章，檢點誤判川普的原因。

從曹長青激賞川普的氣度和胸襟中，我們也看到了他本人的氣度和胸襟，那就是過而改之善莫大。

見利如畏義必爭

一

　　說到這裏，我們看到了曹長青性格中的兩面性。說他剛時，他嫉惡如仇執筆爲劍，過關斬將刺向形形色色的宵小之徒，無論是敵營還是自己陣營的，爲此，少不了在永遠「正確」的「精英」面前撞牆，招怨引恨樹敵無數；說他柔時，他不惜自己的羽毛，或者說他沒有多少羽毛意識，也不計較自己的「身段」，只要被事實說服，他知錯就改。

　　但無論是剛硬還是柔軟，其來源和根基都相同，那就是守正不撓，尋求眞理，與此原則相背的，他可以剛亦可以柔。何以見得？從他與多家媒體的「糾葛」、「爭訟」可知一斑。

　　先說曹長青和《多維網》的事。

　　二〇〇〇年左右是媒體的一個節點，一邊是隨著電腦的普及網上媒體異軍突起；另一邊是傳統紙媒日漸式微，媒體開始大洗牌。同時，因入門低，競爭者不在少數，誰爭得先機就能闖出一片天地。一九九九年，因六四事件而逃離中國的記者何頻在紐約創立多維新聞網，每天二十四小時報導

新聞，有時一天發佈一千多條新聞，勢頭十分強勁。但要在華文世界略勝一籌，就需獨家好文積聚人氣，曹長青就在那時與何頻聯手，為《多維》寫稿。

曹長青與何頻是老相識。當年他在《深圳青年報》時，何頻在隔壁的《深圳法制報》工作。一九八九年曹長青在洛杉磯創辦《新聞自由導報》，他去多倫多演講時協助何頻創辦《新聞自由導報》加拿大版。《導報》把每期報紙的大樣傳給何頻，他再加上當地的內容在加拿大發行，給剛到加拿大安身的何頻一點幫助。

為《多維》寫專欄是曹長青與何頻第二次合作。

二○○一年，曹長青發現一個熱點新聞，就是吳征、楊瀾文憑履歷造假案，他即時給多維〈對吳征的六點質疑〉，文章激起海內外不小反響，連北京的《中華讀書報》也整篇轉載。何頻也意識到事件的新聞價值，便邀曹長青繼續追蹤報導，他就去密蘇里調查吳征賣保險欺詐留學生等事。

曹長青邊調查邊寫，越寫發現吳征的問題越多，便一氣寫了三十幾篇在《多維》刊載。調查性報導最難寫，不但邏輯要縝密，還出不得差錯，而且幾乎每天一篇地連載，又是長文，需及時完稿，曹長青和也是學新聞的妻子康尼合作趕寫。他們的辛苦沒有白費，集調查和檢析的文章令讀者信服，無論親共還是反共的，幾乎一面倒地譴詰吳征、楊瀾的欺罔行為。

吳征、楊瀾案為《多維》爭得巨量的點擊，是開張不

久的大頭彩。此後，曹長青繼續和《多維》合作，每週一篇，有時一周幾篇，甚至一天一篇為《多維》寫專欄。從二〇〇一年十月開始到二〇〇三年十一月，兩年間寫了大約二百篇。

二〇〇三年十一月二十六日，曹長青寫〈台灣的真實化比統、獨更重要〉，談二〇〇四年三月台灣第三次全民直選總統，重點是提醒台灣，要直面海峽兩岸的真實現狀，就是「一邊一國」：一個是專制獨裁的共產中國，另一個是走向民主法治的自由台灣。但北京政權不承認這個事實，還部署飛彈對準台灣武嚇，那麼台灣人就應用選票表明現實，按總統陳水扁提出的公投修憲，使台灣有朝一日有名實相符的國名和憲法，二千三百萬人民真正成為台灣的主人。

曹長青瞭解《多維》的讀者絕大部分不認同台獨，儘量在不刺激他們的前提下，用耐心說理方式解釋台灣的現狀，以傾聽台灣人民的心聲。

但是《多維》拒刊這篇文章，理由是不想涉入台灣統獨問題。曹長青與何頻商榷，提議可以在文後加「作者按」，表明文責自負。《多維》也可寫「編者按」，申明文章不代表本刊觀點。他強調這不是「不發我的文章就是新聞檢查」的問題，而是「不同觀點就不能容忍」的問題，他不會讓步，如不通融，只能存異。

然而，何頻毫無商討餘地，曹長青不得不〈告別《多維》〉：

　　——在中國時，我就因新聞管制和檢查，不能表達
自己的獨立思考，只能絞盡腦汁打擦邊球。來到美國
就是爲有發表的自由，哪怕我的中文讀者縮小了千百
倍。《多維》拒發我的文章，違背給各種觀點提供平
台的辦刊宗旨，也有損新聞自由的精神。《多維》
一直發表支持統派觀點的文章，即使我完全持台獨觀
點，也應遵守新聞平衡原則，容忍不同的聲音給讀者
不同的視角，而不應像獨裁國家的媒體只容許一種聲
音。海外中文媒體如不提供異議的園地，就失去了存
在的意義。

　　——今天，我屈就新聞檢查，就會導致自我審查，
思想的翅膀就如繫著繩索的風箏被限制，最後免不了
摔落。

　　掙脫中國大陸言論監錮的曹長青，不甘忍受《多維》
的無理條規，不甘放棄最珍視的自由飛翔的思想，只能停止
爲多維撰稿。

　　二十多年過去，今天我們重讀這封擲地有聲的信，依
然能領受其中鼓蕩著的浩然正氣。好在他生活在自由的土
地，他可以豪邁地衝破「多維網」去馳騁！

二

　　曹長青縱論台灣的文章在《多維》折翼，還可以在台

灣本地找到發揮的平台。

二○○四年初，曹長青應邀開始為《自由時報》撰稿。那時，台灣的民主化進程逐步加快，台灣的政治版圖也開始嬗變，國民黨與民進黨的勢力此消彼長，從藍營走向綠營的人愈漸增多。台灣的媒體生態也跟著翻轉，支持綠營維護台灣本土立場的《自由時報》後來居上，發行量超越雄霸報業數一數二的《聯合報》和《中國時報》，一躍成為台灣第一大報。

曹長青每星期為《自由時報》寫一篇專欄，每兩星期寫一篇類似社論的「星期專論」，一共寫了七年。借助《自由時報》這個橋樑，他與台灣民眾一起櫛風沐雨，一起見證台灣民主在蹣跚中前行。作為想為台灣人所想，急為台灣人所急的「外省人」，他感知的台灣切合現狀，與台灣的命運休戚相關，也與台灣的輿情交融。他傳揚的價值也得到無數台灣人的認同。

在此期間，台灣政壇也從陳水扁的連任到馬英九上台，幾經和平選舉政黨輪替，台灣的民主體制日趨成熟，但遠沒到完善的地步，也難免曲折迂迴。曹長青跟隨台灣的變化思考寫作，也同樣磕磕遇阻，尤其當他以美國的民主制度觀照檢視台灣時，難免在理念上發生摩擦。

《自由時報》是民間報業，在政治立場上傾向綠營，但他們還沒有牢固確立一個原則，即新聞媒體是第四權力，言論自由是其中的要素，遇到與自己立場偏差的文章，應採取同時刊發不同觀點加以平衡，對於專欄作家的文章應該不

加干涉。然而，當曹長青寫了幾篇批評民進黨主席蔡英文的文章後，就與《自由時報》產生了齟齬。

二○○九年四月五日，曹長青在《自由時報》「星期專論」發問〈蔡英文要把民進黨帶到哪裏？〉，分析二○○八年民進黨總統慘敗的原因，黨主席蔡英文不僅缺乏領導能力和領袖稟賦，更主要的是對黨的前途方向和理念定位不清。

二○一○年一月四日，曹長青又在《自由時報》專欄上嗟歎〈蔡英文的方向能力令人擔憂〉，因蔡英文以黨主席名義給民進黨的公開信通篇空話大話，面對馬英九全面推行走向統一的政策，卻無一字提岌岌可危的台灣現狀，更沒提民進黨應採取什麼措施守衛台灣？反而勸導綠營人士「不要當爲反對而反對的刺蝟」，等於放棄在野黨的責任。曹長青還「多管閒事」地橫議，民進黨需要一位理念堅定、有膽有識的人領導綠營對抗國共勢力。

曹長青單刀直入的辛辣評論，直擊蔡英文的膏肓，也不合《自由時報》的口味。他不知就裏依然故我，二○一一年一月二十三日，在星期專論中談蔡英文推進的「全民調」，認爲由「全民調」決定民進黨主席和立委候選人會產生兩個嚴重後果：第一，基層黨員將因最重要的權利（黨內初選投票權）被剝奪而不再有積極性，可能從基層瓦解民進黨。第二，導致民進黨的立委、縣市長、總統人選等偏離綠營的原則，因「全民調」在包括藍營的所有民眾中舉行，堅持基本盤理念的候選人將難以勝出並被逐漸淘汰，民進黨可

能因「變質」而被肢解。

曹長青厲言批民進黨「黨務」的文章，超出《自由時報》的容忍極限，沒有予以按例發表。

曹長青第一次在自認是自由的台灣碰釘子。他由此省悟，儘管台灣已確立出版自由的體制，但還沒成為媒體人的自覺意識。他多年來秉持的追隨理念、不屈從任何個人和黨派的原則在台灣還難以實現。他決定終止為自由時報寫稿。

儘管《自由時報》的少老闆電話打到美國曹長青家，希望他繼續寫，並承諾提高稿費，但他不為所動。這種算不上苛評當權者的文章都不允許，等於回中國了。

曹長青向台灣讀者告別：「七年來，我一路目睹了台灣所經歷的風風雨雨，台灣的民主進程令人振奮，同時，其邁向正常國家道路的艱難也超出想像。這是一塊曾被殖民者欺辱、更被獨裁者奴役的土地，這塊土地上的人民曾被國民黨半個多世紀強力洗腦，並一直被有利於維護專制統治的群體主義文化薰陶。所以，追求自由的種子、捍衛個人權利的種子要在這片土地上發芽、生長、並結出豐碩成果，注定要跋涉一條艱苦卓絕的路。……為捍衛台灣人權利所寫的文章，也是我個人理念的一部分，任何原則上的妥協，都是對自己的背叛。所以，我選擇退出，以維護一個獨立知識份子的人格統一。」

曹長青離開了《自由時報》，但仍與台灣民眾同呼吸共命運，繼續為台灣人民爭取選擇權而鼓與呼！

二〇一六年八月二十二日，民視公司在電視台開播政

論節目《政經看民視》，由媒體人彭文正、李晶玉夫婦主持。曹長青受聘任固定評論員，每週六天、每次二小時參加節目，結合台灣的政情介紹大陸及美國和世界局勢。

儘管《政經看民視》很快成為台灣收視率最高的政論節目，但好景不長，二〇一九年四月十九日節目被蠻橫地強行關閉。曹長青談事件的前因後果，試問〈王明玉和胡婉玲扮演了什麼角色？〉。

《政經看民視》在理念上堅持台灣本土立場，支持民進黨，但作為第四權力，對民進黨的政策及蔡英文總統亦時有批評。然而，蔡英文卻不接受本黨的輿論監督，視《政經看民視》的「說三道四」如背後拆台，聞訊民視董事長郭倍宏要與她競爭總統，更加處心竭慮想關掉節目。在節目開播兩年時，蔡英文派嫡系陳菊與郭倍宏談判，希望郭要求節目組斂手自肅，但郭倍宏不降服，繼續讓《政經看民視》暢所欲言。

一計不成，蔡英文又使出釜底抽薪的殺手鐧，在王明玉取代郭倍宏當上民視董事長後，利用他們之間的矛盾，由王明玉出面一舉關掉《政經看民視》。

民視是由三萬多小股東集資成立的公司，王明玉竟要陰謀用三分鐘除掉股東選出的董事長郭倍宏，也在三分鐘內出賣了三萬股民的理念，《政經看民視》被迫謝幕。

曹長青撕開表像看內景，簡直是真人活演中國宮廷劇，王明玉是主角，民視新聞部經理胡婉玲是配角，不露面的總導演是蔡英文！蔡英文召見王明玉的當天，《政經看民

視》播放到一半被拉閘，甚至不給主持人彭文正、李晶玉一個跟觀眾告別的機會。三個女人，毀掉了在綠營最有影響力的政論節目，也毀掉了推動台灣自決的轟轟烈烈的喜樂島運動，出現讓國、共、民三黨都「喜樂」的結果。

曹長青責問：作為基督徒的王明玉，如此與魔鬼做交易出賣靈魂，背叛台灣人的理念，踐踏新聞自由，不怕被上帝懲罰？最令他不安的是，一邊《政經看民視》被迫關閉，另一邊綠營最大的《自由時報》已成蔡英文的喉舌，作為中國表率的台灣的自由民主成色是否會消褪？

三

比起與台灣媒體的關係，曹長青與《美國之音》的緣分更早更深。何止曹長青，《美國之音》與大陸一九五〇年代生的叛逆者都有不解之緣。如今在海外以魏京生為首的民運人士，若問他們身上的反骨在封閉的毛時代是如何萌生的？有一多半人會提到違禁偷聽敵台，其中最吸引他們的就是《美國之音》，那是滋生他們反叛的培養劑。

那些年，在黑龍江邊境小城的曹長青也是偷聽者中的一員，後來去深圳聽得更多了，儘管那一陣不用再偷，但要獲取國內確息還得依賴《美國之音》。當時，他不可能想到，有朝一日自己會成為《美國之音》的評論員，向如他過去那樣渴望自由資訊的大陸聽眾解說。

《美國之音》成立於一九四二年，其前身是美國國際

廣播，是美國國會撥款的對外廣播電台，不允許在美國國內播出。第一次播音是用德語，以眞實的報導，對抗納粹的宣傳。中共建政後，《美國之音》的中文節目向鐵幕內的中國人傳送眞實聲音！一九七六年美國總統簽署的〈美國之音憲章〉，強調在準確、客觀、全面的新聞原則外，要反映重要的美國新聞言論自由思想和三權分立的民主體制。所以，《美國之音》建立七十五年來的宗旨，就是用眞實對抗假話，用民主對抗專制。

六四事件發生後，曹長青受邀在《美國之音》的〈焦點對話〉和〈時事大家談〉做節目，前後大約有二、三十年。

六年前，郭文貴在《美國之音》爆料中共貪官，引發「斷播事件」，曹長青也被動捲入。

當時，《美國之音》中文部幾名記者徵得領導同意，直播採訪在紐約的郭文貴，他在受訪中海量披露中共第二號權勢人物王岐山等高官的貪腐罪證。孰料，採訪中途，電台台長命令停播，還處罰中文部主任龔小夏等四名涉事記者停職接受調查。

曹長青認爲，不管郭文貴是否在大陸當過國安，是否靠黨國關係發財，中共害怕他爆料，反證了他爆料的價值。《美國之音》的正確做法應該是，爲被揭露的王岐山等人提供平台，也讓他們接受電台採訪，澄清事實，反駁郭文貴，而不是霸道地中斷龔小夏等人的採訪。如此操弄完全不符合言論自由國度的法規。作爲同行，曹長青不能容忍台長的處置手段，爲聲援挨整記者，他公開聲明不再給《美國之音》

做評論。

　　為查明貝內特台長與中共到底有何貓膩，曹長青在網上搜索核實資料，發現事件背後是「美國之音台長在中國的商業利益」在作祟。

　　隨著共產中國的經濟崛起，其龐大的商業利益也滲透到《美國之音》，中文部強烈反共的記者都受到不同程度的壓抑。二○一六年阿曼達・貝內特出任台長之後，有悖電台宗旨的現象接連出現。

　　斷播事件後《美國之音》承認，他們受到中國政府壓力，但強調他們沒有屈服。但基本的常識是，沒屈服為何遽然中斷直播？貝內特嚴懲幾名記者是做給北京看，做給中共寡頭王岐山看，等於向他們表白：我不僅停止採訪郭文貴的直播，還重罰了記者，我不想得罪你們！更反常的是貝內特以《美國之音》的名義，給王岐山為後台的「中國海南航空公司」的律師發函，表示《美國之音》採訪郭文貴，無意針對被郭文貴曝光巨額貪腐的海南航空，郭文貴的話只代表他個人，不代表《美國之音》，更不代表美國政府。

　　作為美國的自由媒體，《美國之音》為何要向「海南航空」自我矮化、甚至自我作踐地叩頭？

　　貝內特曾在布隆伯格新聞社工作，因調查報導習近平家族腐敗使新聞社在中國的生意受損，被體面地解雇。二○一二年，她與唐納德・格雷厄姆結婚。唐納德・格雷厄姆曾是極左的《華盛頓郵報》的老闆，跟中共宣傳喉舌英文《中國日報》建立合作關係，讓《中國日報》的出版物成為《華

盛頓郵報》的夾頁。唐納德‧格雷厄姆還經營「開普蘭」教育公司，在全球與超過一千多座學校、二千六百多個企業有合作關係，其中相當一大部分生意在中國！

　　曹長青不能不發問，一個屬政府機構的《美國之音》的負責人阿曼達‧貝內特，在有明顯「利益衝突」下擔任台長，她主導下的《美國之音》在中國問題的決策能不偏頗嗎？他高聲呼求，《美國之音》的問題，不是停職調查那幾名記者，而應該調查台長貝內特！

　　川普上任總統後，如曹長青所願，阿曼達‧貝內特灰溜溜地辭職下台。

四

　　川普總統做的另一件也如曹長青所願，卻使他與《自由亞洲電台》「絕交」。

　　一九九六年成立的《自由亞洲電台》是美國國際媒體署資助的私營非營利性新聞機構，目的是對沒有新聞和言論自由的亞洲國家提供不經審查的報導。

　　曹長青一九九七年初與《自由亞洲電台》簽約，在〈新聞自由〉欄目做評論員，主要談國際問題，每週或每兩周做一次，一直到二〇一八年，前後二十一年。

　　二〇一七年十二月六日，川普總統兌現競選承諾，宣佈承認耶路撒冷為以色列首都，下令將美國駐以色列大使館從特拉維夫搬到耶路撒冷。

　曹長青次日就稱賞川普總統面對現實尊重眞實做了正確決定，認爲〈美國承認以色列首都是里程碑〉，將促進中東和平及巴以協議的新轉機，具有重大的意義。孰料，文稿送往《自由亞洲電台》卻遭拒。

　曹長青爲之錯愕不已，他不過寫出支持川普的理由。

　按《聖經》記載，耶路撒冷是猶太人祖先的聖地，三千年以來都是他們的首都！從現代政治角度看，一九四七年，以色列建國時就把耶路撒冷視爲自己的首都，聯合國把它定爲「託管地」。看待中東問題，尤其是巴以紛爭，必須首先重視一個事實：幾個阿拉伯專制國家野蠻地以大欺小，一九四七年和一九六七年兩度侵略以色列。以色列人用他們的智謀以少勝多，打贏第一場反侵略戰爭後佔有了耶路撒冷的一半（西城）；第二次反侵略戰爭後佔領了整個耶路撒冷。

　耶路撒冷是全球三大宗教（猶太教、基督教、伊斯蘭教）都認定的「聖城」，但無法否認的事實是，基督教是從猶太教衍生的，而伊斯蘭教又是從前兩大宗教中發展出來的。猶太教是根。在希伯來聖經中，耶路撒冷被提到過七百多次。所以猶太人，猶太教，耶路撒冷，有歷史的聯結性。而且全球三處宗教聖地，阿拉伯人已經擁有了兩個：麥加、麥地那，那麼猶太人作爲三大宗教最早的創始者，擁有一個耶路撒冷並不過分。

　過去七十年耶路撒冷都由以色列人管理，以色列的最高立法機構——國會、最高法院、總理辦公室都設在那裏。

川普總統不過承認「七十年老事實」，也是兌現美國人民對以色列人民的承諾。早在一九九五年國會兩黨議員就高票通過議案，承認耶路撒冷為以色列首都，並決定把美國大使館從特拉維夫遷到耶路撒冷。但過去二十多年，從柯林頓到布希父子，再到歐巴馬，都不敢執行國會的決議。只有川普總統說到做到，維護了美國的承諾和尊嚴！

耶路撒冷不是從美國手裏交給以色列的，川普只是挑明事實，巴勒斯坦的阿拉法特們、哈馬斯們想要中東和平、巴以和解，就要在這個現實面前起步！

《自由亞洲電台》向曹長青解釋，它們主要關注中國境內的新聞事件。曹長青回復，中共一貫歪曲報導和評論國際問題，在巴以紛爭中偏袒支持巴勒斯坦的阿拉法特，攻訐民主以色列。美國承認耶路撒冷是以色列首都，中共當局馬上表態反對，這種關於價值觀的評論是有國界的嗎？

顯然，電台的推說是不誠信的搪塞。

曹長青為此申明：我們千辛萬苦來到美國，要的就是言論自由。從事新聞事業是良心活，能否堅持這個底線是事關原則的大問題，他不能接受因思想觀點被拒的理由。因此，他被迫決定不再為《自由亞洲電台》做評論。

為堅守理念，曹長青不惜與多家媒體「鬧掰」，對於海外靠中文寫作為主業的人來說，要為之付出喪失物質利益的代價，這看似不起眼的代價，卻是對人格的一大考驗，需要獨立知識人的骨氣支撐。

放眼乾坤獨倚欄

一

　　《自由亞洲電台》拒稿的真實原由心照不宣，感到窩心的曹長青卻心知肚明，就是他支持川普或者說支持川普的決定，更進一步說是支持以色列，不合電台的「政治正確」編輯立場。猶如他在其他幾家媒體「碰壁」的遭遇，就是這篇文章出格了。然而，寫出格文章已成為他的本能，在大陸寫國內問題如是，在台灣寫台灣問題亦如是，在美國寫國際問題更如是，這不是第一次，也不會是最後一次。

　　文涉以色列，難免不說巴以問題，說到巴以問題，就不能不提日本作家村上春樹的一段「名言」，「無論高牆多麼正確、雞蛋多麼錯誤，不管那高牆多麼的正當，那雞蛋多麼的咎由自取，我總是會站在雞蛋一邊。」由於他的知名度，這句話便在世界廣為傳頌。

　　透過村上春樹這番看似同情弱者的說詞，曹長青再次洞穿典型的左派虛偽作秀的歪理，他設問〈高牆雞蛋，到底站哪邊？〉。

　　村上春樹「名言」能熱傳的基礎，是占世界主導的興

論定罪以色列用武力佔領巴勒斯坦土地，恃強彈壓巴勒斯坦人，是不折不扣的侵略者。

釐清巴以問題，不僅涉及邏輯常識，更涉及道德取向。評判武力衝突的標準，不是哪方強，哪方弱，而是正義與非正義。強不等於錯，弱更不等於對。村上春樹站在弱勢一邊高自標譽，是罔顧事實的「政治正確」，其結果往往是助紂為虐。

例如警察追擊盜匪時，警方配有精良武器，警車性能一流，需要時還有直升機助力。相比之下，犯罪份子的裝備處於絕對弱勢。強大的警方如同高牆，犯罪份子像不堪一擊的雞蛋，難道我們「不管高牆多麼的正當，總是會站在雞蛋一邊」？

再如，美軍擊斃恐怖主義頭子賓拉登，美國派出的是特種部隊，賓拉登和他的妻子傭人更是雞蛋對高牆，難道我們也憐憫弱勢的「拉登雞蛋」嗎？

巴以紛爭是中東的一個焦點，曹長青圍繞這個問題寫過許多文章，猶如拆解隨時引爆的炸彈，他反復提醒世人，分辨這個錯綜複雜的問題，必須抓住癥結：

　　——以色列是一個民主國家，它有反對黨，執政黨是有制約的，是不能為所欲為的。所以，在與巴勒斯坦的武裝衝突中，以色列是防禦性的，是有人道主義底線的，他們在反擊時儘量不傷及平民。
　　相反，二十二個阿拉伯國家沒有一個是民主國家，

近年，在美國監督下伊拉克及埃及才開始走向民主。
阿拉伯國家與以色列之間是專制與民主的爭戰。哈馬
斯更是恐怖組織，它專向以色列平民發射火箭炮，當
以色列還擊時，他們又躲到居民中，並反誣以色列濫
殺平民。

　　曹長青認爲伊斯蘭教需要進行宗教改革，信仰伊斯蘭
的國家實現民主政體，是遏阻伊斯蘭主義的最好、最根本的
手段。對此，實現民主的土耳其（百分之九十九的人口是穆
斯林）和印尼（穆斯林占百分之九十），已經給出了最佳答
案。
　　曹長青關於恐怖主義與伊斯蘭教關係的論點，並不意
味他對穆斯林的偏見，相反，早在一九九九年科索沃危機
時，他就用行動支持北約轟炸南斯拉夫以解救百分之九十是
穆斯林的科索沃難民。
　　科索沃有二百萬人口，其中百分之九十是阿爾巴尼亞
族穆斯林，塞爾維亞人不到十分之一。科索沃自二戰後被併
入南斯拉夫，但一直享有自治地位，一九七四年還寫入南斯
拉夫憲法。但米洛舍維奇當政後取消科索沃自治地位，推行
大塞爾維亞政策。一九九○年，他下令關閉了科索沃的阿爾
巴尼亞語報紙、電視台和電台及所有教阿語的中學和大學。
阿族人提出異見，就被指控爲恐怖份子，遭到逮捕或殺害。
爲逃避種族清洗，一百多萬人湧到鄰國阿爾巴尼亞和馬其頓
避難。

　　阿爾巴尼亞族於一九九六年建立科索沃解放軍，發動
針對貝爾格萊德的叛亂。一九九八年初，雙方爆發武裝衝
突，北約調解無果，南斯拉夫拒絕外來維和部隊。一九九
年三月二十三日北約發動科索沃戰爭。六月，戰爭以米洛舍
維奇接受停戰條件而結束。

　　六月初，曹長青隻身去馬其頓和科索沃的邊境採訪了
三天，據難民營的登記顯示，曹長青是唯一一個到現場採訪
的華人記者。

　　他到達馬其頓時，那裏有難民二十四萬八千人，而在
阿爾巴尼亞一側有四十三萬五千人。他採訪的二號難民營在
靠近科索沃邊境的波拉斯，有兩萬多人。難民營設在山坡之
間，由於人多，山坡的草被踩光，露出黃土，塵土飛揚。難
民們都躲在悶熱的帳篷裏，每個帳篷上都掛著一個水桶，用
來喝冷水、淋頭，以對付三十八度的炎熱天氣。營地沒有洗
浴設備，只有一排排簡易活動廁所，由於人數太多，帳篷之
間，散發著一股難聞的味道。帳篷裏沒有床，人們在潮濕的
地上鋪塊毯子，就席地而睡。一個大帳裏住六十多人，有
七十多歲的老人，有孕婦，還有才三個月的嬰兒。

　　曹長青站在難民營旁邊的山上，俯視難民營中一排排
帆船般的簡易帳篷，難以置信，在人類還有二百天就跨入
二十一世紀的時刻，還發生摩西出埃及式的悲劇，四百多個
帳篷，每一個都是無聲的文字，訴說著二十世紀末的悲慘故
事：塞爾維亞軍隊的種族清洗，逼得阿爾巴尼亞族人決心離
開南斯拉夫，要讓科索沃獨立。

　　曹長青的採訪感言是：科索沃戰爭結束了，將來的歷史學家會怎樣評價這個事件？捷克總統哈維爾在訪問加拿大演講時說：「北約對南斯拉夫的戰爭，是人類歷史上首次為人道而進行的戰爭，它徹底改變了以往戰爭的概念。」北約的軍事行動，不是為了資源，不是為了土地，也不是為了不同的宗教信仰，而完全是出於人道目的。北約十九個成員國中，除了土耳其是穆斯林國家外，其他全是以基督教為主，但北約卻去幫助以穆斯林教為主的科索沃，轟炸的是以東正教（基督教的一種）為主的南斯拉夫。歷史將銘記，面對種族清洗的惡魔，北約為捍衛人類文明而戰。

　　同時，很多中國人在這場文明和野蠻的較量中表現出的沒有人性，也將成為中華民族可恥的一頁。

　　這一切再次強化了曹長青對巴以衝突的注解：目下的世界最主要問題，不是異教間的爭戰，而是民主與專制的較量。

二

　　儘管民主與專制，文明與野蠻是各國較量的主軸，但有近兩百個國家的世界又是複雜的，有些情勢遠不能用這兩個對立面來概括。

　　十幾年前，智利前總統皮諾契特病逝，世界主流媒體普遍給他貼上「軍事獨裁者」「迫害人權的惡棍」等標籤。確實，皮諾契特以軍事政變推翻民選的阿連德總統，為鞏固

政權也監禁戕殺共產黨等左翼人士，這兩個標籤並非無中生有。

但曹長青在皮諾契特問題上提出別樣的視點：應該怎樣看待軍事政變？以「兩害相權取其輕」的考量，在三組軍事政變模式中，有兩組應該支持，一組應該否定：

第一組模式是：在政教合一的政權和軍政府之間，寧可選擇軍政府；第二組模式是：在共產政權和軍人執政之間，寧可選擇軍人執政。第三組模式是：在憲政民主選舉出的政府和軍政府之間，當然選擇憲政民主政府。

埃及塞西將軍發動的軍事政變屬於第一組模式，一九七三年智利皮諾契特將軍發動的政變屬於第二組模式，他推翻阿連德總統也應正面評價。

首先，阿連德雖為民選總統，但他是公開的馬克思主義者，而且僅獲得三分之一強的選票（百分之三十六點三）當選。儘管他事先簽署了按憲法行事的保證書，但一上台就公開跟蘇聯結盟，推行社會主義政策，強行沒收私人土地，把企業全面國有化。古巴獨裁者卡斯楚訪問智利後得出結論，「智利的社會主義之路最終會把智利引向古巴式的社會主義！」

走向「第二個古巴」的智利很快陷入經濟災難，通貨膨脹率高達百分之一千，引發沸騰的民怨。智利國會通過一項決議，控告阿連德總統違憲濫權，號令智利軍隊介入，解決憲政危機。皮諾契特時任陸軍司令，在國家的危難時刻帶頭推翻了阿連德政府。

　　皮諾契特執政後，在鎮壓共產異己份子的同時，大力推行市場經濟，邀請美國自由經濟學派領袖傅利曼和他的智利弟子們指導經濟。智利不僅擺脫了阿連德時代的經濟困境，從八十年代中期開始到一九九七年亞洲金融危機，智利經濟年增長率高達百分之七點二，成爲拉美國家中的一枝獨秀！到皮諾契特一九九〇年卸職的十七年，智利的人均國民生產總值增長了百分之四十，人均收入達一萬二千美元，成爲拉美最富有的國家之一。

　　皮諾契特挽救了智利，也爲智利奠定了自由經濟的基礎，他卸職後雖有過三次左派執政，但都沒有改變自由市場的經濟基座。

　　一九八八年智利全民公投，決定一九八九舉行差額選舉總統，皮諾契特敗選，還政於民。但皮諾契特領導的政變，廣受西方左派的忌恨，因他結束了左派們心儀的社會主義。二〇〇六年皮諾契特病逝，智利陸軍總司令在葬禮上講話：「皮諾契特在國家處於最嚴重危機時承擔起領導國家的職責，他當時確信沒有其它辦法能使國家擺脫危機。」

　　這是智利政府對皮諾契特的蓋棺論定，也可知曹長青的皮諾契特論符合智利的歷史進程。

　　對照委內瑞拉的查維茲，皮諾契特的功過更加有目共睹。

　　上世紀七十年代的委內瑞拉是南美洲經濟最好的國家。查維茲當上總統後提出口號：「二十一世紀屬於社會主義」，強行推進政府包攬一切，讓委內瑞拉成爲烏托邦的試

驗地和犧牲品。查維茲死後留下一個爛攤子：物價飛漲，貨幣暴跌，通膨率百分之一百七十萬，國際貨幣基金預測高達百分之一千萬！占總人口近百分之十的三百萬人逃離，使國家陷於嚴重的政治和人道危機。

還有阿根廷，現在幾乎沒人知道，它曾經是世界最富有的國家之一。一九一四年，阿根廷的人均GDP超過德國、法國、義大利，此前連續四十三年經濟成長率超過百分之六（這個紀錄至今沒有其他國家打破）。然而，到四十年代陸軍上校胡安·庇隆當上總統，推行社會主義政策，搞國有化政府壟斷，用民粹主義均貧富，被稱爲「庇隆主義」。結果也搞垮阿根廷經濟，導致百姓貧困，社會動盪。直到二〇一五年，走市場經濟的企業家馬克里當上總統，阿根廷才走出庇隆主義的陰影，邁向資本主義。

中南美洲是美國的後院，也是曹長青觀察國際問題的後台，所以他對中南美洲國家的變化如數家珍，不僅智利、委內瑞拉和阿根廷，其他國家也盡在他的視野中。雖然除共產古巴外，美洲全部三十五國都實行了民主選舉，但多數國家都是左右政黨各領風騷數年，都在左右兩翼搖擺，又以左翼側身領航居多，所以至今整體上中南美洲國家都沒走出中等收入陷阱，也始終沒達到北美國家的民主化水準，也就始終是曹長青的觀察點。

三

日本軍國主義在二戰中敗北，隨後日本在美國的佔領下成爲民主國家，可說是第三組模式的典範。

多年來，曹長青一直宣揚自己鍾情的美國的「例外」，即獨一無二的特性，強調美國與其他歐洲民主國家的不同，爲熱愛美國的人所慕賞和推崇。不幸的是，近年來美國的「例外性」被左派不斷侵蝕破壞，美國已不再是她建國之初的那個「例外」國家。這時，曹長青發現了一個「例外」的「例外」國家——地處東亞的民主日本，並撰寫了系列文章簡介日本迥異之所在：

日本的例外源於其獨特的傳統歷史文化，並由此造就了其獨特的民族和獨特的國民性。

現代日本的起點在明治維新。如同一七七六年美國革命確立了秩序、法治、道德、自由經濟、個體主義、憲政民主等保守主義價值體系，日本一八六八年的明治維新也選擇了同樣的方向。美國擇英國而捨法國，而日本則定下「脫亞入歐」的國策，學歐美棄中華。日本最讓人敬服的是，在被美國的炮艦（黑船事件）打開國門，被迫簽署不平等條約的屈辱條件下，不僅服輸還崇忠美國，立即全方位學習西方。

戰時，日本史無前例地挨了美國兩顆原子彈，戰後，日本沒有把美國視爲永恆敵人，形成反美抗美之勢，而是再次全方位學習美國，並成爲美國在亞洲最親密、最可信的盟友。這種心胸、大度、視野，尤其是理性，成就了當今繁

榮、強盛、和平、文明的日本。

日本的臣服強者的意識來自武士道精神，而武士道還奉行義、勇、仁、禮、誠、名譽、忠義等美德，其中包含了自律、克制、隱忍等性格。武士品性的「道」熔入日本平民的骨髓，內化為日本的道德體系。自律不是犧牲自己的個性，而是靠廉恥心維繫，有廉恥心的人必自尊，就會克制自己的非理性盲動，斂抑妨礙他人的不良舉動，也就怯於做出悖德不法的行為。人人自戒形成仁厚守法的民風，和諧出一個維護秩序、法治，遵循倫理道德的社會。

武士道強調的規矩、秩序，尊卑，等級，不「僭越」（犯上作亂）的尊理性、重內斂、愛平和的文化制約了任何激進主義。其中的尊卑就是提倡「尊老」，尊重有經驗的長者的智慧，而不是縱容年輕人的偏狂恣意。同時，重視人本身，不癡迷虛幻、超現實的概念和極端的東西。在這樣的社會文化土壤下，日本成為一個沒有革命的國家，羅伯斯庇爾的法國大革命、列寧的十月革命、毛澤東的湖南農民式的暴民革命都無法在日本立足，更遑論無法無天的文化大革命：學生鬥老師，孩子揭發父母，全民批官員，下級踐踏上司等，絕不會在日本出現。

人人自律表現在經濟上就是崇尚自食其力勤奮敬業，每個人各司其職，各安其分，即便是做一碗麵的廚師和打掃廁所的清潔工都把工作做到極致。再加與之相應的「恥感文化」，日本幾乎沒有好逸惡勞的人，有些日本人甚至符合領福利的條件也羞於申請。所以，日本戰後失業率從沒超過百

分之五，始終保持充分就業狀態。同時，日本的中產階級一直維持在百分之八十到九十，除去富人，赤貧還形不成一個階層。

不勞而獲為恥的觀念深入人心，加上佔絕對多數的龐大的中產階級，使歐美式推行高稅收高福利的左翼政黨在日本形不成主流。日本保守的自民黨從一九五五年成立至今，執政了六十多年，幾近是一黨執政，全憑尊奉常理常識的日本人選勝。

事實上，日本媒體和教育部門也是左翼主導，也有大批左翼知識份子，但整個社會的文化氛圍、價值取向，法治傳統等都制約著他們的行為模式。可以說，日本不存在按歐美標準的左翼激進派，也就是說，即使日本左派的觀念某種程度上在歐美也被歸為右派。

由傳統保守主義政府主導的日本，造就了為世界刮目的一連串數字：教育系統（因其公平性）具世界第一；醫療體系（憑高品質服務和負擔的平等）列世界第一；人均預期壽命連續二十多年蟬聯世界第一；東京和大阪安全性列世界第一、第三……。除了這些冷硬的數字，日本人向世界展示的一些畫面更令人動容：大地震後井然有序地在街頭電話亭外排隊打電話；在異國舉行的世界盃足球賽看台上，日本球迷離開前撿拾垃圾，留下潔淨的看台……。

美國因左派的折騰，其獨特性遭到嚴重摧殘，歐洲早於美國日益左傾，日本是碩果僅存的保守主義價值占主導的健康國家。也是迄今為止最典型、最優秀、在正向傳統價值

下運作的社會！不僅值得中國及台灣等亞洲國家效仿，也值得歐美及全球效仿。

<h1 style="text-align:center">四</h1>

　　若拿一個國家鮮明對比日本，非法國莫屬，儘管法國成為資本主義，實行民主政治遠比日本早，但法國幾十年來的左傾倒退走社會主義道路，在歐洲國家中是另類典型。

　　幾年前，法國政府為解決二十六歲以下青年的嚴重失業問題，好意推出〈首次雇用合同〉的勞工法案，規定二十人以上規模的企業，與二十六歲以下的青年簽訂雇用合同後的最初兩年，可以無需說明原因將其解雇。

　　詎料，這下惹火了吃慣「大鍋飯」的法國人，五次舉行全國性示威，學生一馬當先，七十四所大學中近五十所罷課，部分大學的學生佔領和封鎖學校，要求政府取消該法。工會跟進，二百萬人參加，有百分之十八的鐵路工人罷工，百分之十五的飛機停飛，百分之二十三的機場員工不上班……。

　　那一陣，曹長青每天打開電視，無論CNN還是福克斯，都有巴黎街頭大騷亂的大量報導畫面，示威者焚燒車輛、砸毀路牌、毆打記者、拆掉行人道石塊向警察投擲。到處是煙火和催淚彈起飛的混亂場面。他不由聯想法國大革命，以及此後法國的路徑，「莫名」地「氣不打一處來」，忍不住譏評〈法國是個神經質的女人？〉。

　　僅就題目論，就是「政治不正確」，如果翻譯成法文，被法國人看到，絕對是「種族歧視」加「性別歧視」。

　　那麼，曹長青如何作這番推論呢？他認爲一向高唱「自由、平等、博愛」的法蘭西，之所以出現「火山噴發」的場景，只因其底座有深層的經濟、歷史和文化因素的岩漿：

　　首先是高福利、高稅收的社會主義經濟政策導致法國經濟滯緩，經濟增長率不到美國的一半，但是法國人每週工時卻減至三十五小時，付薪假期長達四十九天，遭解雇可獲百分之六十工資，甚至長達五年。巴黎街頭示威的年輕人高喊「要工作，要度假」。連工作還沒有，就要求「度假」，不愧是法國式的「浪漫幽默」。高福利必然要高稅收，法國的最高稅率達百分之六十四，高稅收必然讓許多企業難以爲繼，公司失去競爭力，最終只能倒閉，由此增加失業，以致二十六歲以下青年的失業率曾衝到百分之二十三。公司爲何不敢雇用年輕人，因不管幹好幹壞，都永遠不可解雇。

　　是次〈首次雇用合同〉不過是做了一點改革，卻阻力重重無法進行，法國經濟怎麼可能像英美走海耶克之路？

　　你看街頭上有些男的對著電視鏡頭做性動作，女的瘋瘋癲癲擺舞步，更有隨便把人按倒，圍著用腳猛踢，如此暴力抗議也是當年法國大革命的薪火相傳。從攻打巴士底獄的暴民革命，到拿破崙的武力征服建立帝國，再到共產主義雛型的巴黎公社，一路充斥反秩序、反傳統，反法治、反道德的革命「癲狂」，爆發了人性最原始、醜陋、兇橫的一面。

　　如今巴黎街頭的鬧事者，仍然表現著同樣的心理狀態，從中也可一窺法國的文化。恰如《紐約時報》記者波恩斯坦所說，比較法德兩國的氣質，法國是「娘娘腔」，太女氣，德國太男性，像惡漢。美國學者米德則把法國氣質定爲「貓」，而把美英德定爲「狗」。法德向世界出口的名牌爲這種比喻作注：德國出口鋼鐵，厚重結實的賓士車、BMW等都是很男性化的東西；而法國出口的名牌：法國香水、巴黎時尚服裝、法國紅酒，還有巴黎大餐等，大多與女性有關。以至有人刻薄地說，法國除了艾菲爾鐵塔，找不到硬的東西。連法國大革命時那個著名的招牌畫，也是一個裸露上身的女人Marianne手揮三色旗，而不是英美萬寶路香煙廣告上那種男子漢。在巴黎鬧事的人中，可以看到不少男人留著女式長髮，或扎個馬尾巴，從後面看，根本分不出男女，好像都是Marianne。法國的這種女氣，導致她不時地神經質，情緒化地感情用事，甚至歇斯底里。美國電影批評家哈思凱爾則認爲，法國「是個勾魂兒的壞女人，要把整個歐洲從我們這邊誘惑走。其他的也許是好男人，只是被這個陰險的壞女人帶歪了」。

　　神經質的女氣加拿破崙的征服欲，再加疏遠和拒絕耶穌，使法國人易於形成不安躁動甚而怨懟暴怒，世界也只能看著這樣的岩漿不時「噴發」一次。二〇一八年底到二〇一九年初，因燃油漲價，法國發生「黃背心運動」，示威者在香榭麗舍大道打砸搶燒更甚以往，最後以法國政府取消燃油稅收場；二〇一九年十二月，政府出台改革國家養老金計

劃，引發法國二十五年來最大的一次罷工，最後也是以中止告終。

　　今年（二〇二三年）初，迫於入不敷出的財政困境，法國政府再度改革養老金，退休年齡從六十二歲逐年增加，至二〇三〇年到六十四歲，政府的改革議案獲得國民議會和參議院的通過，就是通不過法國人民，儘管英、德等其他歐洲國家早就實行六十六或六十七歲退休制度了。

　　從一月到五月，法國各行各業輪番罷工，街頭照例上演打砸燒騷亂……總統馬克宏已簽署法案並頒佈成為法律，但法國人還要繼續鬧下去，絕不消停……

立根原在破岩中

一

　　曹長青爲何如此「嘲諷」法國政事？因法國是西方群體主義的代表，所以對它「情有獨鍾」！

　　在輕閱讀、快閱讀時代，編輯常在文章起首爲讀者列出關鍵字。在曹長青百多篇縱論國際政經形勢的文章中，倘若作導讀也列出關鍵字，大概常涉以下幾個：在國與國之間是自由民主——獨裁專制；在民主國家內是右派（傳統保守派）——左派（放縱激進派）；在思想觀念上是個體（人）主義——群（集）體主義等。

　　那些年，專制國家成功轉型是曹長青聚焦的課題之一，他爲此寫了不少報導：

　　——二〇〇三年初，世界得到第一個好消息是肯亞選舉。肯亞一九六一年獨立後，一直由非洲民族聯盟長期一黨執政。二〇〇二年底的第三次大選，反對黨全國彩虹聯盟擊敗非洲民族聯盟，獲議會多數席位，實現了政黨輪替。

　　——二〇〇八年四月博茨瓦納舉行選舉，民主黨總裁伊恩・卡馬當選總統。博茨瓦納從一九六六年獨立起就實行多黨民主政治，總統由議會選舉並向議會負責，在二〇二一年民主指數中，博茨瓦納在一百六十七個國家中排名第三十位。

　　——二〇〇九年七月，印尼再次成功地舉行總統大選，蘇西洛・尤多約諾獲得連任。印尼從一九九八年開始民主進程，短短十年，就成功地進行了兩次總統大選，民主政治定型，社會穩定，成爲全球第三大民主國家（按人口排在印度、美國之後）。印尼人爲之自傲，他們可以用選票決定自己國家的命運。

　　——二〇一四年十月二十六日，突尼斯舉行議會選舉，八十八歲的呼聲黨領袖埃斯卜西擊敗伊斯蘭政黨的對手，成爲首位民選總統，再次證明茉莉花革命發源地人民的睿智。

　　——二〇一五年四月三十一日，奈及利亞的選舉結果揭曉，現任總統下台，反對派布哈里當選總統。布哈里曾因參與軍事政變被西方稱爲「獨裁者」。他在一九九九結束軍人統治，隨後奈及利亞開始總統選舉，每五年一次。他第一次敗選後等了五年；第二次又敗選，再等五年；第三次還是敗選。十五年間，布哈里拜票，拉票，演講，建立草根組織等，不是用子彈（bullet），而是用選票（ballot），最終進入了總統府！這是相信民主、相信選票、相信憲政的心靈重生

之路。這是奈及利亞人民的幸運，也給其他任何迷信
「子彈」的權力者一個啓示：只要信奉民主，痛改前
非，仍可被人民原諒東山再起。

　　……

　　曹長青用一顆閃爍鬱悶的心寫下上述熱情洋溢的文
字，表露自己氣結不服的懊緒。

　　環顧世界，歐洲四十八個國家全部實現了民主；美洲
三十五個國家除古巴外也都實行了多黨選舉；非洲四十八個
國家已有四十二個實行多黨選舉。中國人印象中很落後的國
家，如莫桑比克、納米比亞、剛果、衣索比亞、辛巴威、馬
拉維、烏干達、馬達加斯加等等，都在九十年代相繼實行了
多黨選舉。

　　由此證明，無論哪個國家，哪種膚色和哪個種族的人
民，都在理論、實踐和結果上適合民主選舉制度。政治選舉
權屬於人與生俱來的「天賦人權」，是「上蒼」給的，「上
帝」賦予的，任何條件下都不可剝奪。不擁有這種權利，人
就不是有獨立意識的真正的人，而只是獨裁統治下的奴隸。

　　然而，中國的獨裁者和許多文化人，就是鐵嘴鋼牙咬
定，中國國情獨特不能實行普選，儘管所有的藉口都不值一
駁。要說貧窮，當時非洲四十八國的人均收入是四百七十五
美元，中國已達八百九十（現在是八千）美元，肯亞、坦尚
尼亞、尚比亞等撒哈拉大沙漠的國家，都比中國貧窮，海地
的文盲率遠遠高於中國，這些國家都實行了多黨選舉制度，

為何中國不行？除非他們堂而皇之地表明種族歧視，中國人不如歐洲人，也不如非洲人和美洲人！

拿人口相同的印度更有可比性。印度當時的人均收入四百六十美元（約是中國的二分之一），成年人一半是文盲，中國文盲率不到一成，印度可以實行民主選舉，中國人卻不能？有些中國人反而沾沾自喜，實行民主的印度經濟比中國落後，可見民主制度並不優於獨裁制度。

幾度訪印的曹長青用真相解答這道「難題」：印度經濟長期落後的原因，恰恰是尼赫魯、甘地們推行社會主義政策，實施國家主導的計劃經濟所致；另一方面，印度人普遍信奉印度教，力行不入世的人生觀，再加頑固殘存的種姓等級制度、難以平息的宗教爭紛等，也是實行市場經濟的障礙。相反，如果印度建國後不實行民主制度，它的情況將比今天更糟。

至於中國人的文化背景不適合西方式民主制度，那麼民主台灣已經給出了結論，而生活和教育與發達國家相埒的香港，已擁有的基層選舉制度也被中共胡作非為地破壞，他們編出的謊已不攻自破。唯一可負隅頑抗的理由是，共產黨倒了，出現權力真空，中國就會大亂，也被後蘇聯和東歐國家成功轉型所駁倒！

到底是何原因讓中國人在這堂民主基礎課上如此弱智，一個多甲子了還考不及格？

曹長青做了深入探究，認為問題出在制度、文化、人三個方面，是這「三根鏈條」惡性循環所致。

　　第一根鏈條是制度。民主和專制的優劣已被人類歷史證實，民主不僅帶來富有，還帶來公平，最重要的是給人尊嚴。所以，過去四十年，由於獨裁專制不變，中國經濟愈發展，不同階層的貧富差距愈大，維繫社會的倫理道德愈淪喪。

　　第二根鏈條是比制度更深一層的文化問題。中國傳統文化的厚重底座，由千年不變的專制價值占主導建立，晚近的共產文化更把它推到極端，形成中國獨特的「黨文化」。

　　第三根鏈條是人。皇權至上的黨文化，維繫和鞏固了專制制度，而統治者又用絕對權力，保持劣質文化的獨尊地位。這兩根「鏈條」相互捆綁，就型塑出劣質的中國人，無數文化人的所做所為，是成為維護專制大廈的磚瓦；平民百姓則成為皇民/暴民/刁民，就是沒有公民。反過來，劣民維護著獨裁專制，專制制度又維護劣質文化的壟斷地位，三者相互依存，組成堅固的鐵三角。

　　怎樣打破這三根鏈條的惡性循環？如果文化基因和專制制度不變，造出的「新人」也只能是《動物農莊》裏的思想奴隸。中國幾次文化啟蒙運動，都因當權者的打壓而告終，至今如故。所以在制度、文化、人三根鏈條中，改變制度是第一環。只有結束專制政治，才可能在多元競爭的環境下，循優勝劣敗的正向淘汰規律，保存中國文化中優秀部分，改變泯棄人性、限制個體權利的糟粕。而且，更新一種文化往往欲速則不達，塑造新人常需幾代人，唯有改變制度能立竿見影，再通過新制度推動文化和人漸進演變。從中華

文化中脫穎而出的日本作了示範，現在輪到我們以日爲師
了。

　　曹長青勸勉所有怪罪中國人劣等者，首先要爲改變制
度做應有的努力，否則自己就是其中的一份子。

二

　　儘管專制中國遍地是災，但民主國家也不能一勞永
逸，連美國也難以高枕無憂。

　　歐巴馬當政時，曹長青常用一個「成語」：「無知少
女」，還被不少人在美國的中文政論節目援引論說。

　　「無知少女」是誰？

　　——「無」產者，也就是美國的「窮人」，儘管他
們的平均住房面積大於歐洲城市的普通家庭，他們的
孩子都營養過剩，但他們卻是民主黨特殊「照顧」的
「弱勢」群體。他們中不少人一邊不工作、躺在福利
上吃納稅人，一邊認爲自己的貧窮是富人和中產階級
造成的，帶著階級鬥爭的仇富心態用選票「回報」左
派民主黨。

　　——「知」識份子，是知識越多越左傾的一撥人。
雷根總統曾說，「二十世紀很多知識份子都是高智
商、悲觀的小精明者：獨特而愚蠢的理論，往往只有
知識份子相信它。」他們的理想是社會主義，渲染誇

大貧富不均，妄言富人賺的是不義之財，鼓動反富仇富。

——「少」不更事的年輕人和「少」數族裔。年輕人氣盛，僅憑一腔熱血，容易受騙上當。西裔、黑人和亞裔等被左派煽動：少數族裔在美國受白人欺負，民主黨能為他們爭利益，西裔和黑人就成了領政府福利的最大群體。

——「女」性，她們感性得意氣用事，輕信左派為弱勢群體謀求福利之類的宣傳。

「無知少女」是美國民主黨的票倉，歐巴馬選總統時拿到百分之七十九的猶太人選票，歐巴馬和拜登都拿到百分之九十的黑人票和百分之六十五的西裔票。頗為反諷的是，忽悠無產者劫富濟貧的歐巴馬和拜登，當了八年總統和副總統，資產暴增上千萬美元。

曹長青說的是美國的「無知少女」，引申推論到歐洲和加澳新等移民國家，情況也八九不離十，這些國家的「無知少女」也是左派占多數。

回溯起來，如今的堅定右派曹長青差一點也成為左派。

初到美國或西方民主國家的中國人，剛走出牢籠，對自由人權比較在意。左派政黨強調自由和人權，看上去更寬容有善心，尤其關切少數族裔和移民的權益，頗順新移民的心。曹長青最初也因此選擇了民主黨，還寫過支持柯林頓當

選，歡迎老布希下台的文章。

一九九六年總統大選，曹長青第一次有投票權，爲決定把票投給誰，他開始深入評析民主黨與共和黨的異同，終於明白兩者最根本的不同在經濟政策。共和黨的經濟政策是小政府大社會，充分發揮市場經濟的調節作用，降低稅收，削減福利。相反，民主黨主張政府干預經濟，提高富人和中產的稅收分給窮人，同時擴大政府職能增加開銷。

共和黨認爲，「善心」不能大於「個人權利」，合法的私有財產應該獲得保護，這才是自由經濟的資本主義之實。

民主黨則認定，「善心」應高於「個人權利」，政府有權收繳私產再分配，追求均貧富，實行福利社會主義。

此後，曹長青系統閱讀美國左右派各自書報，進一步認識到在理念上存在「兩個西方」，他提醒爭取民主的國人必須清晰區分它們：

一個是傳統的西方：那個產生亞里士多德、但丁、莎士比亞、塞萬提斯、彌爾頓、狄更斯、亞當・史密斯、華盛頓、林肯的西方；那個人們捧著《聖經》上教堂、唱著鈴兒響叮噹歡度耶誕節的西方；那個贏了二戰、冷戰，正在和恐怖主義作戰、承擔人類道義責任的西方……那個被稱爲保守（傳統）派的右派西方。

另一個則是時髦的西方：那個產生馬克思、弗洛伊德、尼采、沙特們的西方；那個給共產和伊斯蘭世界提供口實的玩世不恭的頹廢墮落西方；那個當年宣導共產主義、今

天懼怕恐怖主義的西方⋯⋯那個被稱爲自由（激進）派的左派西方。

　　當今西方的各種媒體左派獨大，因掌握話語權的所謂知識份子——記者、作家、大學教授、法官、律師、演藝界等人士的聲音，高分貝地響徹媒體、校園、法庭和銀幕舞台，還不時煽動搞街頭抗議活動。而傳統保守的中產階級不會「鬧事」，僅用選票和法律程序「平靜」表達訴求。

　　儘管如此，曹長青堅信，在西方左右派的激烈較量中，保守主義終將取得最後勝利，因它是人類千百年生命體驗凝聚出來的合乎人性的價值，是right（右的！正確的）！只有它能戰勝共產主義、伊斯蘭原教旨派、恐怖份子等一切凶頑鄙惡勢力。

三

　　曹長青在考究西方民主與專制、保守派與自由派問題時發現，上述兩者對壘只是表像，更深層的問題是個體主義與群體主義，後一個問題是前一個的基座。而資本主義的美國和中國等共產社會是個體主義與群體主義的兩極。

　　曹長青從〈獨立宣言〉解讀美國個體主義的核心，就是強調人有自由的權利、生命的權利和追求幸福的權利。政府就是爲保護國民的這三大權利而存在，保護個體主義是美國的立國之本，也是美國成爲世界上唯一超強的本源。

　　二〇〇八年奧運在北京舉行，當開幕式的「帷幕」拉

開，會場裏與全球幾億看直播的觀眾驚得張大嘴：上千人組成一個個方陣，上千人構成一個個畫面，上千人變成一道道景觀，整齊劃一步調一致彷彿電腦控制的機器人⋯⋯這是「紫禁城總教頭」張藝謀導演的傑作，用視覺藝術詮釋群體主義的經典意象：群體是最美麗的，群體是至高無上的，在宏大、威嚴、燦爛、輝煌的群體面前，個體只是一粒粒小黑點，渺小到微不足道，獨個的聲音消失在雄偉的群陣中。其中的每個人必須懂得，你只有成爲群體中的一份子才有價值，沒有群體，就沒有你。

具象的群體主義表演，淋漓盡致地宣洩了民族主義、國家主義、愛國主義、強國夢等意識形態，被群體奴役的個體無以容身其間，個人自由更是蕩然殆盡。

共產主義是現代群（集）體主義的極端形式，百年前，中國爆發的五四運動，是引入共產主義的最大惡源。

曹長青梳理五四運動的過程，看清火燒趙家樓不僅是點燃五四的導火索，也開啓了以「愛國」、「正義」名義實行暴力，以「人民」的名義的剝奪個體權利的歷史。而五四叫得最響亮的口號是反帝反封建。結果，反帝反掉了西方的資本主義，反出了強烈的民族主義；反封建反掉了裹小腳、包辦婚姻之類的表層，也泥沙俱下反掉了許多人類的基本倫理道德和禮儀，卻始終沒反傳統文化中的核心價值：集體主義和集權主義。有這樣合適的土壤，馬克思主義一旦湧進，幾乎沒受到應有的理論挑戰就得到知識份子的廣泛呼應，因而輕易地落地生根。

在五四運動中誕生的中共，借助反帝反封建口號，以馬列主義理論實踐奪權革命。從湖南農民運動到土改，從公私合營到文革抄家，都是以無產階級（集體）的名義，消滅資產階級（地主、資本家）個體的痞子運動。最終，在摧毀人類一切道德準繩的同時，中共以國家和人民的代表自居極權，建成比任何朝代的皇帝都更殘酷的暴政。

悲哀的是，直到今天，把中國燔成人道主義荒漠的「焚燒趙家樓」的火仍在燃燒，中共揮舞著「愛國」大旗還在不斷往裏添柴，成爲無數知識份子、年輕學生熱血僨張的春藥，導致個體生命、個人權利等個人主義概念難以萌芽，更別指望長出一片蔥綠覆蓋那塊大地。

曹長青借助美國思想家安・蘭德的思想，匡正一個錯誤概念：自私自利的個人主義等於「不道德」，取而代之的常識是，個人的理性自私，在不損害他人前提下的利己，只爲自己活著，不僅道德，而且是道德的起源。而資本主義制度是最體現個人權利、個人自由精神體系的最公平的平台，所以，也是最道德的。相反，提倡利他主義的自我犧牲，甚至爲別人而活，尤其是共產主義毫不利己、專門利人之類的說教，不僅虛幻恍惚如海市蜃樓，更是喪天害理的不道德。它以每個個體的犧牲爲代價，成爲建立極權社會的地基，編織出集體主義的耀眼旗幟。誰手擎這面旗幟，誰就主宰這個集體，所有獨裁專制國家概莫能外地實證：人類的重大災難，都是在這面鮮豔高聳的大纛下發生。

曹長青由此覺悟，共產主義無論從理論還是實踐都已

破產，其垮台在中國只是時間問題。所以，對他而言，共產
主義已不是主要敵人，他的主要敵人是一切群體主義；他的
終極目標也不是表層的反共，而是依從美國價值，確立和保
護個人權利和個人自由，這是想像力和創造力的源泉，只有
無數獨立而強大的個體才能構成一個強大的國家。

吹盡狂沙始見真

一

　　曹長青厭棄抑情窒人的群體主義，因他近半生命空耗在其中。在那樣的氛圍，別說人人微如淅淅瀝瀝的雨點，哪怕是風暴中的雨珠，只要撲入浩瀚無垠的群體的大洋，也只能在洶湧的浪濤中頃刻遁失於無形。所幸，他在而立之年來到——千千萬萬有獨特人格的個體組成的——美國，成了躍入美國這個大海中的一條魚，一條分外活潑的鯰魚，才能與無數條「美國魚」一起暢快的遊弋。

　　美國教曹長青懂得個體主義是維護個人自由、尊嚴的保障，也是對抗群體主義，對抗集權的最主要武器。也教他明白真正的個人主義，不是故作標新立異，不是口出聳聽狂言引人矚目。而是在極艱難的物質和精神生存環境中，用堅定信念孤軍奮戰，以西西弗斯往山上推石頭的毅力，為捍衛個人自由、個人權利、個體尊嚴而戰鬥，沒有大眾的歡呼、沒有群體的認可，依然堅持獨立思考。這些人為數極少，可能一生都被打壓，甚至他們的正確一再被歷史證明之後，他們仍是少數，仍被打壓，有些人直到離世都沒得到任何聲譽

或應得的尊敬。但是，他們具有擺脫他人認知的強大，他們是真正的個人主義英雄，是自我世界的英雄，又往往是西方文明進步和改良的推動者。

曹長青從他們身上感悟個體主義的真諦，他們的精神啓發他認清中國的類似現狀。

對於中國知識人而言，最易挑戰大眾，他們沒有回應能力；挑戰獨裁政權，也能贏得不少喝彩；而挑戰攀附政權又左右大眾的「文化人」群體，才真正需要膽識，尤其是不向擁有絕對話語權的知識界低頭。因文人一旦被文化界封殺、排斥，你的「正統」文人地位就被擠掉，你的存在價值也就被清零。

曹長青不僅在理論上推重西方的個人主義英雄，更當仁不讓地在現實中一往無前地躬行。猶如他尊崇的魯迅，不以合群來自大，堅持不黨不群，不加入任何組織和團體，以獨立個體——異議人士或記者的身份，單兵獨鬥地用文字表達觀點和思想。獨立放飛了心靈的自由，凝結起堅韌強大的精神，不爲「名聲」而「鶴立群雞」，不仰賴群體博贏「人氣」，不權衡利弊掂量得失，不在意別人的臉色，無所顧忌地寫想寫的理念，說想說的人與事。

當然，說易行難，持之以恆更難。

向報刊雜誌電台等媒體投稿，就受限於各家媒體的編輯方針，不合他們「正確」標準的稿子難免被拒。爲不囿於條條框框的束縛，任意表達自我，曹長青自設《曹長青網站》。在這個平台上，他可以所向披靡：痛擊毛鄧江胡之類

的暴君惡行；揭示劉曉波等反共陣營中的種種弊陋；即使對待劉賓雁等反體制的優秀知識人，在肯定他們的貢獻時，也對他們的某些觀念提出異議，對他們的反叛的不徹底表示遺憾。他責斥台灣國民黨的投共賣台，也非議不思進取意識左傾的民進黨；他狠批美國民主黨的極左政策，也對放棄原則的共和黨政客不假辭色。

　　然而，獨立讓你擺脫羈絆，也意味自尋孤立。你不加入組織或團體就沒有同夥，遇事就得不到呼應。相反，被你批評的人多數有組織，有些名人還有弟子，他們會公開或私下攻擊你。若得罪抱團取暖的利益團夥，更難免承受眾口鑠金的謠言與誹謗。如去網上搜索曹長青的詞條，可以找到他的不少「負面資訊和形象」。

　　那麼，如何判斷曹長青與他的論敵誰是誰非？第一看文風，曹長青堅守魯迅的自戒，「辱罵和恐嚇絕不是戰鬥」，在論述中雖不乏譏誚與諷喻，但都用說理的方式述釋觀點；相反，對方常常極盡詈訾和人身攻伐，兩者涇清渭濁，觀點的對錯尚在其次，文品高下立判；第二看面目，曹長青不愧不怍用真名實姓直抒己見，那些施放各種謠言的文字（多數是貼子），都以網名妄下雌黃，也就是躲在陰暗角落潑污水，完全是烏賊戰術，可信度不證自明。

二

　　然而，少不了有無是非觀的和事老出來說：曹長青有些話說的不錯，但就是「觀點過於極端」，言辭「尖酸、刻薄、苛責」，洗垢求瘢，悖理逆情。

　　「言辭極端」確是曹長青的為文特色。且不說是否極端與對錯無關，若用西方輿論場的標準衡量，曹長青的「極端」正是他的可貴之處，敏銳、峻急，不留情面直擊要害，常啓發人省醒醍醐灌頂之效。對於食古不化的中國人，最需要這種「極端」衝擊他們的思維。這樣的極端遠勝不偏不倚中規中矩直至不知所云的「中庸」。說到底，這樣的「極端」，就是襟懷坦白地表達意見，哪怕是錯誤的意見。這是終極的言論自由，亦是終極的個體主義的價值所在。

　　確實，曹長青的「極端」意識過於前衛，「過於」劍走偏鋒，讓習慣中庸、和稀泥甚至鄉愿的中國人難以接受。尤其是時下的中國「知識人」，樂於相互抬轎，不懂君子可以「打筆仗」，可以「和而不同」。曹長青把人與事說透，說到底，說到根的「毒眼」，戳破有些人雲遮霧罩的面具，刺穿他們的陰暗心理，鋒利的殺伐力讓他們無力招架，便積怨成仇，其中不乏追求自由民主的反共異議人士。

　　譬如，劉賓雁過世後，曹長青對他至死走不出「第二種忠誠」進行批判性辨析。他與劉賓雁並無個人恩怨，所以在文末介紹劉賓雁在生活中體貼暖人的小事，對劉賓雁的人

品表達了敬意，表明他倆在觀點上有分歧，但在人格上彼此尊重。

再譬如，劉曉波獲諾貝爾和平獎後，曹長青並非出於忌刻他得獎而寫批評文章，而是通過揭示他的深層心理軌跡，闡發它們如何外化出他的言行。因劉曉波作爲中國民運的指標性人物，他的思想影響整個民運的走向，茲事體大，不冷靜深入地「酷評」，不足以醒世。

可惜，不少文化精英不懂就事論事，亦分不清什麼是對事不對人，常引出許多無謂的爭議。

萬潤南與曹長青爲劉賓雁辯論後久久無法釋懷，便在一篇回憶中指責曹長青不合中國古代聖訓：君子交絕不出惡聲。他說：「賓雁先生剛走，就有自稱是朋友的人出來苛責先生，我心裏很是不忿。」想了四句罵人的話：「這種典型的毛式語言、這種自以爲眞理在握的狂妄、這種不知深淺的無知、這種非黑即白的蠻橫。」

嚴格意義上說，他這幾句話倒不算罵人，而且最終還是克制地決定不「罵」出。問題是，他應該指出「某人（曹長青）」狂妄、不知深淺、非黑即白在哪裏？況且曹長青說理的文字怎麼成毛式語言了？再說毛式語言當然不好，但主要還在內容，毛式語言叫嚷：「文化大革命就是好！就是好！」招人嫌惡，但如果說，「民主法治就是好！就是好！」便是很帶勁的口號。

儘管如此，曹長青並不因此與萬潤南結怨。相反，他通過閱讀萬潤南的自傳，瞭解到萬潤南在中國創辦四通公司

的艱辛和成就，尤其是流亡海外堅持信念，不用悔過方式回國的精神，令他讚佩。他特地從美國打電話給在巴黎的萬潤南，誇自傳寫得有內容有思想有文采，萬潤南也很感激。所以，他倆迄今仍是有許多共識的朋友。

曹長青與胡平發生爭論後，胡平聯絡與曹長青有過「過節」的吳國光等九個人聯名給台北《聯合報》寫告狀信。僅看排成一長串的名單，不明就裏的旁觀者會得出一個印象甚至結論：曹長青四面樹敵，足見他心胸狹窄不能容人。

那麼到底誰心胸狹窄呢？

偶爾看到吳國光二〇二二年十月三十一日的一條推文：（回某人的跟帖）「你談『效仿秦始皇走北韓模式』，該去和說『屈原被秦始皇逼得跳江』的那類人物討論。」那類人就是指曹長青。這件「公案」已經沸沸揚揚流傳幾年了。

事出二〇一七年端午節那天，曹長青出席台灣政論節目，在談到節日時這樣說（一字不差的原話）：「屈原為什麼要投河，就是防止被秦始皇他們焚書坑儒，被他們坑掉，保護自己，不被他殺掉。」對曹長青恨之入骨的人，這下逮住了他的小辮子，曹長青版的「關公戰秦雄」「笑話」由此傳開了。

倘若準確把握語境，不難理解，這裏「秦始皇他們」是泛指秦始皇一類的獨裁者，尤其因秦始皇是以「統一中國」而著名的。當時的節目就是在討論台海兩岸的統獨問

題。曹長青若特指秦始皇，就不必加「他們」兩字。大概吳國光也明白這兩字的含義，所以，他在倒騰這椿「段子」時故意「漏寫」，確切地說是不敢加這兩字。

退一萬步說，即使曹長青說「秦始皇坑屈原」，就值得嘲笑了嗎？

老實說，我們這輩毛時代長大的人，無論你有多大的學術名位，你的童子功都是千孔百瘡，你看莫言得諾貝爾文學獎的作品，裏面的文史常識，語法用詞錯謬百出。所以，誰也別學錢鍾書的「智力」傲慢。

且看吳國光的一篇自述：一九七七年報考大學，「招生資料上的專業名稱，『中文』無一例外寫的是『漢語言文學』。我以為那是『漢代的語言與文學』的意思，居然不懂得『漢語』就是中文。」

馬上進北大的人，不知「『漢語』就是中文」，不是比不知秦始皇屈原生辰年代的人更可笑？尤其是吳國光的父母都是教師，鬥起嘴來不是連累他父母也被人大不敬？

更可怕的是，曹長青提醒吳國光「要有尊嚴的回國」是一九九四年的事。作為當事人，如果不能內省自恧，至少也應抱「有則改之無則加勉」的雅量。然而，我們看到的恰恰相反，曹長青的批評如同扎在他眼中的芒剌，快三十年過去都沒剔去，至今恨意難消，忍不住對一個完全不知曹長青，更不知那個「段子」的人伺機嗤笑曹長青一把，可見他心胸狹窄到何種程度。對於一個曾經做過大事，將來還可能做大事的人，如此器度只會自我毀傷。

　　曹長青打假艾蓓冒充周恩來私生女編故事，真相敗露後，為她背書的作家孔捷生不是坦承誤導了讀者，而是頑固到底：「我信了，寫了，除了一條道跑到黑，還有別的選擇嗎？」「所以不但要說服自己繼續信下去，還得讓別人也信。」這就是許多知識人的可怕思維，將錯就錯地一錯到底，絕不回頭！

　　那麼，曹長青自己如何對待批評的呢？他曾引述羅曼・羅蘭的一段話：「我們的每一縷思想，只代表我們生命中的一個時期。如果活著不是為了糾正我們的錯誤，克服我們的偏見，擴大我們的思想和心胸，那活著有什麼用？」他以此不斷矯正自己昨天走錯的路，並自白，「如果自己在是非、真假等問題上判斷錯了，認識到之後，改過來就是；這比盲目捍衛一個人，或死活痛恨一個人，要容易得多，心態也健康得多。」

　　他那樣說也那樣做。那年他批評貝嶺以喪失尊嚴為代價回國，被貝嶺反嗆他曾「在名片上印了十幾個頭銜」，他坦承那是年輕時愛慕虛榮的行為；當吳國光問責曹長青為何不經他本人同意，代他在六四抗議書上簽字時，曹長青在口頭向他道歉後再書面認錯。

　　曹長青對於自己的「極端」言論，一旦發現舛訛，就立即用新的見解、新的認識及時糾正。他在〈魯迅是打不倒的巨人〉的文章中，讚揚胡適「不會把個人功利放在高於原則理念的位置上」，後來看到台灣政論家金恒煒專著中有關胡適的史料，意識到此前對胡適的評價過高，便坦然向讀者

致歉。

　　他誠摯宣講李登輝到爲之樹碑立傳的地步，後來李登輝變調，他公開承認：「李登輝被綠營捧壞了。這裏面當然也包括我的責任，我那些文章和演講，也在一定程度上起到了捧殺的作用。」

三

　　這就是曹長青，用是非原則理念鑒定他人，亦鑒定自己，既敢於獨行其事自我肯定，亦勇於虛懷若谷自我否定，一切爲了求眞。

　　求眞的首要條件就是誠實，所以曹長青認可在堅持「價值、理念、尊嚴」基礎上追求名利的正當性，因這既是人的天性，也是促進個人奮勉的動力。但是，這一切必須以正直爲首要條件。正直比觀點是否正確更重要。思想觀點可以改變，每個人還可以在成長過程中不斷修正。而人的品行一旦變「痞」，很可能一生都無法改正。痞性，就是沒有底線、沒有準則，沒有是非，可以爲達到目的不擇手段，把擅長陰謀詭計當高智商，視彌天大謊爲小事一椿。痞性的本質是與誠實求眞相反的虛假僞善，其典型的表現就是整景、作秀，以表面反專制的「善」博取人心，實際卻是摧潰弊惡的巨大障礙，是人類大惡之一！所以曹長青憎恨「作秀派」的人與事超過「政敵」，無論他們是左派右派、親共反共、泛藍泛綠，因他們毫無道德底線。

而誠實求眞的終極目的是爲了求善。

曹長青眞摯地抱著善意，滿懷遺憾與惋惜地辯釋劉賓雁與劉曉波等著名人士，冀願以他們在反對派中的影響力，劉賓雁可做中國的吉拉斯，劉曉波可做中國的哈維爾。

二、三十年過去，回顧曹長青與他人林林總總的爭議，其中沒有一次是他與人爭名奪利，或起於私人間的糾葛，而全是爲公益與公義而公議。以求眞的心志尋覓妙諦，以求善的心性明斷是非，在此過程中提高學識糾正自己的舛錯。

二〇一六年，台灣一家出版社欲匯集各種以批判爲主的評王丹的書，邀請曹長青做編輯。曹長青認爲，都是已發的文章，編輯出版可作研究六四人物的資料，就接受了。

曹長青聯繫各位文章作者得到版權，然後進行文字編輯，拿到出版社排版樣本後，又進行了全部的校對。就在該書完成製版準備付梓前，曹長青驀然發現出版日期是六月四日，立刻致電出版社要求中止。儘管出版社再三強調只是巧合，但他決不通融。無論王丹有多少錯誤，無論他對王丹有過多麼峻刻的批評，王丹跟六四的關係密不可分，在六四大屠殺紀念日出版一本批評八九學運領袖的書，幾乎等於否定八九民運。但出版社說宣傳也做出去了，甚至在臉書發表了他寫的序，來不及改了。曹長青沒半點踟躕，決然退還全部編輯費，撤銷了該書的出版。

曹長青守住了良知底線，表現了與人爲善的人性。

惟有至眞至善才能不受利益誘導，堅持原則和理念，

為所熱愛的事業而努力、而奮鬥！儘管這條路絕不平坦，但幾十年過去，曹長青篳路藍縷地走過來。

　　吹盡狂沙始見真，歷經疾風驟雨的爭拗纏鬥，承受逆流暗潮的滌濯，泥沙退去，曹長青依然本真地站在夕陽下……

美國人・台灣情・中國夢

一

　　曹長青是一個美國人，是比許多土生土長美國人更美國的美國人。雖然他被中國截走三十多載歲月，當他雙腳踏上美國這片大地時，就像一個剛到人間的嬰兒，新奇戰兢地第一次覿面這個美麗的國家。隨著發現一個又一個令他眼花繚亂的驚喜和神奇，他意識到，這個不以血緣和歷史，而是由〈獨立宣言〉和〈美國憲法〉兩面旗幟「召集」的人組成的國度，正是他嚮往的家園，他是生錯地方而「遲到」的美國人。

　　要做美國人，首先要學習美國，認識美國。

　　作為同儕人，我可以想見，儘管曹長青二十五歲時趕末班車上了大學，隨後又做了五年報紙記者/編輯，但鑒於我輩在文革時沒上過正規的初高中，更在於國內言論出版的封閉，他出國前包括美國的國際知識十分稀薄。所幸，他來到自由的美國，也就撲進了知識和資訊的寶庫。他牛角掛書地勤奮補習，先跨過語言障礙，然後啃文史哲的英文原著，再訂閱《紐約時報》《時代週刊》等瞭解時事，博物洽聞海綿汲水般充盈學識。

　　曹長青由此認識了美國的品格。美國的立國之本是基督教文明，建國之父都以《聖經》為圭臬，以上帝的教誨為原則制定各項法律，主體美國人也以信仰為生活的第一要義。信奉自由、生命和追求幸福是美國人的核心價值，他們都是這三大個人權利的「自由人」，宗教信仰賦予他們愛和生命的意義。美國人在此根基上生活，純情質樸，陽光明朗，樂天爽利，熱誠大方，好學進取，視閾寬廣。曹長青為之著迷，生性中與之合輒的情愫也被喚醒，他與美國就像凹凸範本那麼自然鑲嵌。

　　美國的自由主要體現在「思想自由」和「自由市場經濟」。作為一個寫作者，曹長青對美國的言論自由感觸尤深。美國的法律不禁止焚燒國旗，你可以用燒國旗表達不滿，這是言論自由的絕巔。當國旗代表的那個國家允許你燒它時，你只想把它高高地舉起，因它不僅代表這個國家，更是自由的象徵！高舉這面旗幟，是高舉自由的火炬！對全世界愛好和平的人，這面旗幟的意義也遠超美國的國家象徵，而代表著自由、尊嚴、文明的價值，這面旗幟走到哪裏，民主自由的價值就走到哪裏。

　　曹長青讓這面旗幟在自己的網站裏飄揚。

　　他愛上美國，就像愛上一個「戀人」，當他的觀念意識和美國文化水乳交融時，便瓜熟蒂落地與心儀的「戀人」結婚，動情地加入美國籍成為法定美國人，他確信她會帶給他最大的幸福，也矢言對她的忠誠，把自己的餘生獻給她。

　　多少華人把美國當避難所，帶著臨時棲身的心態安享

和平；又有多少華人把美國當淘金地，準備撈足了財富衣錦還鄉，他們即使入籍也是「身在曹營心在漢」，他們永遠是在美「華僑」。更有大陸知識份子包括不少流亡者，剛來時熱烈擁抱美國，隨著時日推移開始抱怨「美國到底有什麼好」？並狐疑美國的思想文化價值。

　　曹長青不難判明他們的「美國不適症」的深層心理。

　　——有些中國知識人附和或效法美國知識份子批評美國，表明不盲從美國以昭顯自己的水準。但他們忽視了一個重要區別，即美國知識份子是在肯定西方主體價值的基礎上批評現存的社會問題，他們追求的是更理想完美的社會。而中國知識人忘了他們的參照對象是獨裁專制的共產中國，他們批評美國瑕疵的同時輕視西方的主體價值，無意間迎合了中共對西方民主制度的抵毀，誤導了中國人對西方的認知。

　　——不少知識人出國前是教授、專家、詩人、作家等，在美國只是「邊緣人」，無法進入美國的知識份子圈子，無形的隔閡使他們無法深入把握美國的真義。

　　——華人作為少數族裔，面對美國的強勢文化，很多人因自卑而喪失理性的自尊，出於抵觸情緒，勉為其難地捍衛自己固有文化，連其中的劣質一併抱殘守缺。

曹長青「不懂」墨守成規，而是拆除中國文化傳統中的清規戒律，扔掉從中國帶來的無用包袱，去蕪存菁去僞成眞地脫胎換骨爲美國人。作爲一個曾經的中國人，他承恩美國爲保衛世界和平所作的難以估量的犧牲；作爲一個美國人，他爲自己屬於捍衛人類尊嚴和弘揚自由價值的一份子而感到無比榮耀和自豪，也明白與之相應的責任。

因此，他從心底高歌美國政治文明，讚頌美國先進文化，被不少人稱爲「極端親美份子」。他不僅笑納這個標識，還想霸住「最親美的華人」稱號不被別人奪去。美國成爲他的幸福家園，他理所當然地全身心摯愛它，維護它的純樸和美麗，成爲繼承守護美國傳統價值的忠誠衛士。任何違逆損毀美國憲法原則的人事，不管出自民主黨還是共和黨建制派，他都訴諸筆墨侃直批判。

曹長青是一個美國人，是比無視美國立國之本的美國人更美國的美國人。

二

在美國邂逅台灣並和「她」結緣，是曹長青出國前絕沒想到的。

曹長青那輩人從小被灌輸：「台灣是祖國的寶島」，如今被國民黨反動派佔領著，全國到處可見「我們一定要解放台灣」的標語。那感覺，猶如聽爺爺或外公說，祖傳的珍寶被鄰家偷走霸佔著，早晚要奪回來。台灣還盛產「特

務」，有好幾部電影講抓台灣特務的，台灣特務的目的是收集情報，而任何一個和台灣有點「瓜葛」的人，都可能是特務。

直到鄧麗君的歌曲登臨大陸，台灣的面紗才次第撩開……

一九八九年天安門事件後，曹長青在美主持創辦《新聞自由導報》，也有台灣人來支持。聊天時，台灣人問曹長青怎麼看台獨問題，他淡然說，台灣人自己要獨立，當然應該尊重，他這個「大陸人」不反台獨，令對方頗為訝然。同年底，他和其他中國民運、異議人士應邀首次訪台，在造訪民進黨總部時又被問到台獨問題，他依然簡單乾脆地說，絕對不能用武力統一，應該尊重台灣人民的選擇權。

這是他初涉台灣及台獨問題。

台灣成功舉行總統直選後，他開始喜歡台灣並深度介入台獨問題。二〇〇三年，他在洛杉磯的一次演講中說，「台灣說要獨立，全中國人民都笑了；北京說台灣是中國的一個省，全世界人民都笑了。」在觀眾的笑聲中，他的「台獨」立場被定性了，他和台灣的「緣分」也進入「蜜月期」。

從那以後，曹長青走訪台灣，參與台灣的事物，有機會從北到南走訪台灣的主要城市，看到台灣政治、經濟、社會文化等全面發展。台灣政治上的自由已比肩其他民主國家，衣食住行等經濟上的硬實力及文明禮貌等道德水準上的軟實力都在亞洲前列。

　　台灣的不如意事就是「統獨」之爭，還引發大傷元氣的本省外省的族群分裂。

　　曹長青發現問題的根子在國民黨。當年，五十多萬國民黨政軍人員隨蔣介石撤退台灣，他們反客為主成了台灣的「主子」，統治這片土地。大陸去的人馬還集中居住在「眷村」，好似特權階級，外省人三個字，幾乎是「上等人」的代名詞。島上的原住民失去政治地位，僅是這片土地的耕耘者，連說自己的「台語」都要被罰款。

　　台灣民主化後，國民黨失去政權，「眷村」式的等級難以為繼，但以國民黨為代表的外省人還殘存「主子」心態，不願和台灣人共同做「台灣的主人」。而國民黨愈無底線、愈無恥地親共，愈把台灣人推向獨立的訴求。

　　三十年過去，從某種程度上說，台灣對曹長青已不再遙遠神秘，而是一個遠勝於瞭解時下中國的地方，也因此在支持台灣人民自決權上，他多了一層與台灣共命運的責任感。

三

　　曹長青雖然情牽台灣，但深長的夢還在中國，闊別九年多，他回來了。

　　「旅客們，飛機馬上降落在首都機場，請繫好安全帶……」他惴惴不安地從舷窗眺望，飛機一頓一頓地向下俯衝，北京近了，國門近了……能順利進入國門嗎？

　　一九九二年，曹長青去紐約中國領事館延期護照，按

約去取時，領事要和他談談，他說「沒有什麼可談的」，他的護照便被蓋上「註銷」的印戳。他問辦事員為何註銷他的護照？對方說，「你心裏明白！」

曹長青當然明白，六四大屠殺後他在美國辦《新聞自由導報》，寫了不少批評中共的文章，因此被列入「四十九人黑名單」。

當他接過機場檢證官員遞還的護照，一步踏進中國的剎那，他有點不相信地驚覺，「這一切都是真的？我就這麼輕易進中國了？」他疑惑地在邊檢大廳轉了半小時，沒發現有人跟蹤，才在候機廳坐下平復心境……

一九九五年五月曹長青加入美國籍時，把護照上的名字改成Billy Lee。是次受中國異議人士吳弘達在美國主持的「勞改基金會」之托，去大陸拍攝一部《魏京生與勞改》的記錄片。他寫過救援魏京生的文章，樂於為此事冒險回國，也試一下換名字的護照能否過關？

結果，美國人Billy順利入關。

到北京的第二天，他就坐車去魏京生所在的河北南堡監獄，以找人為由進入了南堡勞改三支隊，隨後用藏在背包中的錄影機偷拍。

接著他又去遼寧朝陽凌源勞改營，用同樣的方式進入，偷拍犯人加工可致癌的石棉的場景。他還去了錦州監獄，那裏的犯人生產開關等電子產品。他以做開關生意為由順利進入開關廠大院，並住進了該監獄的招待所。

翌日早晨，一群光頭勞改犯在手持刺刀的軍警看管下

挖地基，他在監獄旁抓緊偷拍，不慎被崗樓上的瞭望哨發現遭拘捕。須臾間的失手，讓他功虧一簣，更讓他懊惱萬分。

曹長青本打算完成拍攝任務後回一趟家，看看分別了九年的父母兄弟。每次通話母親就在電話那端哭著問他，在她死前還能不能相見？但拍攝計劃失敗，使他失去了與近在咫尺的親人久別重逢的機會。

不必用「三過家門而不入」拔高曹長青，但我們從中看出他那顆熾熱的中國心，一個中國記者的責任心。面對大陸最黑暗的勞改制度，想到螻蟻樣的犯人隨時被專政鐵蹄碾爲齏粉，他就無法抑制自己的慍怒。他要揭示中國勞改制度的眞相，向世人曝光中國政府喪盡天良的殘忍，他急不可耐去監獄勞改現場，錯過了探望父母的機會。

直到二○○六年，曹長青父親重病在身，家人用輪椅把父親從深圳推到香港，他們夫婦才得以到那裏和父親相聚，一起度過幾天團圓時光，幾個月後父子就天人永隔。

這就是曹長青，成了美國人的曹長青，眷注著台灣的曹長青，但在他表面看不見的魂依然在中國。那是他出生成長的地方，那裏留存著他的汗水，他的淚水，他的青春，他的愛情……那裏埋葬著他生死相依卻沒能道別的親人。那裏從來不需要想起，卻永遠也不會忘記！在那片被血和淚浸透的土地上，有他難以忘懷的夢在繚繞，那不是一個愛國夢，而是一個愛自由的夢，一個願中國成爲自由之家的夢！無論走到哪裏，生活在哪裏，這個夢一直在催趕他奮進……

輯外篇

不必俗襟相識我

　　編完曹長青不同凡響的故事，闔上相關參閱材料，重溫寫作過程，反芻尋思，其中給我留下最深印象的是什麼？不是他打假與被反撥的劍拔弩張；不是他一次次被媒體拒稿的跌宕蹉跎；也不是被他揭短者的圍剿中傷，而是他在不同文章中反復感激和讚揄妻子康尼。

　　幾年前讀曹長青的〈魯迅是打不倒的巨人〉，我就注意到文末的一段備註：「我妻子康尼也很推崇魯迅，這次她和我一樣重讀了一遍《魯迅全集》。隨後我們數次討論、研究、交換評論。我們對魯迅的看法評價幾乎完全一致！所以這篇長文是我跟妻子共同的創作，但她一如既往，不願在文章上署名。有這樣思想非常共鳴、且『授人之美』的妻子，是我這一生最大的幸運！」

　　按中國人的傳統習俗，如此誇譽自己的妻子不免讓人有「肉麻」之嫌。然後，那些年看曹長青，他不像是自吹自擂的人，於是，我留下一個問號。

　　為是次寫作，曹長青寄我他在台灣出版的四本書，我見《理性的歧途》、《獨立的價值》、《美國價值》的扉頁上都題簽「給康尼」，還在《理性的歧途》的自序中注釋：

「我仍把這本書獻給妻子康尼。她其實是這本書的共同作者，全書的每一個章節都留下了她思考的筆跡；只是她堅持不肯署名，說只要我在乎她的思考就足夠了。豈止是在乎，在我們數不清的長談和交流中，她不僅促我理清思路，更助我矯正腳下的路。」曹長青在《罵讚台灣人與事》的後記中也說明，為按期付梓，要在二十天裏改定文稿，康尼「跟我一起肩並肩地工作，不僅幫我改文章，而且很多時候幫我寫，我只說個大綱，就由她完成了。但她堅持不署名，把榮譽給了我。多少感激，只能重複一遍，有這樣思想非常共鳴、且『授人之美』的妻子，是我這一生最大的幸運！」

曹長青的評價是否屬實？還需鑒明。

我在寫本書的過程中得到了考證。出初稿時，我把重要的內容先匯集編入，然而請康尼閱覽並提建議。她劃出最好刪去的部分，多數正是我想精煉時要縮減的，由此勘實曹長青的美言並非虛張。

那一刻，我立即想到了兩位大作家的妻子。

一位是納博科夫的妻子薇拉。

薇拉本身富有文學才華，卻理性地決定把自己融化在納博科夫中。薇拉從火堆裏搶出納博科夫的名著《洛麗塔》，但當納博科夫用錯字句時，她也毫不謙虛地給予校正。所以，在納博科夫的作品中，都藏著讀者看不見的薇拉的印跡。

因此，納博科夫不僅在《洛麗塔》的扉頁上，而且在另外好幾本書的扉頁上都寫著：獻給薇拉。

　　另一位是陀思妥耶夫斯基的妻子安娜。

　　陀思妥耶夫斯基爲還債，請速記員安娜協助他寫作。白天，他蹀躞著滔滔不絕口述，安娜快速記錄，晚上再整理謄抄，二十六天後，一部半自傳體小說《賭徒》問世了。安娜的速記才能令陀思妥耶夫斯基佩服不已，他們也因此戀愛結婚。婚後安娜繼續當陀思妥耶夫斯基的助手，速記修改整理他的作品。

　　因此，陀思妥耶夫斯基在他的傑作《卡拉馬佐夫兄弟》的扉頁上寫著：獻給安娜‧格里果利耶夫娜‧陀思妥耶夫斯卡婭。

　　康尼的一切與薇拉和安娜何其相似。

　　還有更相似的：

　　——安娜不辭勞苦當陀思妥耶夫斯基寫作的助手，還分擔他的挫折、煩惱和痛苦。陀氏因染上賭癮等不良癖好而遭不少人輕蔑，屠格涅夫甚至說：「陀思妥耶夫斯基是他生平遇到的基督徒中最邪惡的一個。」但安娜依然深愛自己的丈夫，愛他的才華，也包容他的缺點。她在回憶錄裏自足地坦誠：「我們共同生活的十四年使我深信，陀思妥耶夫斯基是世上最純粹的人。」

　　——如同安娜包容陀氏，康尼也包容了曹長青的「癖好」，何止包容，還是曹長青「癖好」的鼓勵者。因爲曹長青的「癖好」是較眞人間是非，他是較眞假醜惡的清道夫。在當今的華人社會，事不關己個個都是好好先生，一旦涉己即使是逆耳忠言也一觸即跳，倘是朋友立馬反目成仇，曹長

青由此得罪了不少人。然而，有妻子康尼作後盾，他不改初衷，頑固而頑強地走到今天。他不無驕人地說，「我有妻子一個人的支持就足夠了。有妻子一個人支持的男人就有迎戰千軍萬馬的膽量。」

按現代女權主義的女性觀，康尼完全有資格做一個獨立於世的女強人。她有哥倫比亞大學新聞專業碩士文憑，又愛好文學有自己的見地，完全可以經營自己的寫作。但她不願出頭露面，默默地站在曹長青的身後，甘當無名賢內助。就像薇拉和安娜，她們除了為維持生計，更多的是懂得自己丈夫在文學領域的意義，所以她們全身心地願為丈夫付出。康尼也同樣明白我們身處的華人社會，如曹長青這樣得魯迅精髓的耿直之士「鳳毛麟角」，因為珍稀，時代和社會需要他，那是他的價值所在。所以，她成全曹長青，也是參與他的事業，他的成功（也可以說是得罪人的「失敗」）中都包含了她的貢獻，也體現了她的價值。

從這種意義上說，康尼比薇拉和安娜更加不易，後者是典型的被人們說爛了的「成功的男人背後有一個不凡女人」，而伴隨曹長青這個常遇阻遏的「失敗者」，你收穫不到陀思妥耶夫斯基和納博科夫那樣大的名聲，卻不時「收割」各種曲解、訾議、甚至謾罵。你必須具備堅韌的神經和強大的心智才能安之若素，然而，康尼堅持下來始終不渝。

因此，康尼在學識上是新時代的女性，但修養上既是安娜式的西方老派傳統女性，又是中國傳統文化中的謙抑女性。

　　寫到這裏，我聽到康尼是美國共和黨員時的疑竇也解開了。

　　按曹長青的「無知少女」支持民主黨的論斷，康尼占著三樣：「知」識份子、「少」數民族和「女」性，她應該是死忠的民主黨「份子」才合符常情。然而，康尼卻是共和黨員。她認同共和黨宣導的價值觀：守衛基督教文明的立國之本；遵從以上帝的教誨為原則制定的各項法律；尊重以信仰為底蘊生活的美國人；尤其重視傳統的家庭觀念，就是每個人首先對自己負責，自律、發奮、敬業、腳踏實地勤勞工作。相反，她抵觸民主黨的「自由派」主張：罰勤獎懶地「照顧」懶漢，讓他們一邊靠領取救濟金生活，一邊有充沛時間和精力參加各種抗議遊行；走火入魔地鼓吹女權主義、女權運動；強調男女全方位絕對平等及未婚母親的權益，造成以作單身母親為榮，生一堆孩子吃政府的人群。最讓康尼無法容忍的是，民主黨因對共產主義和社會主義的無知而抱有幻想，竭力推行寬容和綏靖中國等社會主義國家的政策。

　　循此，我似乎走進了康尼的心靈深處。

　　她來自確切地說是遁逃自極權中國，歷盡千辛來到自由的美國，終成掌握自己命運的自由人。然而，民主黨卻嚮往社會主義，嚮往那個她拋棄的國家。她的記憶之殤又被掀開，在文革中被迫害至死的母親頻頻浮現，人類決不能再蹈那樣的覆轍，更不能讓自己在美國重回中國。

　　這就是康尼堅定支持曹長青的動力。她知道曹長青求真求善踔厲奮鬥的終極目的，就是企望中國早日成為——人

人享有自由的——今日的美國，而絕不能逆向。所以，她和曹長青同床同夢，傾力協助曹長青，鶼鰈情深地攜手並進，無論征途如何顛躓，始終樂觀地夫唱婦隨，無怨無悔……

後記

意氣論交相得晚

起意寫曹長青的念頭很久了，這次終於決然搦筆付諸文字。

以我對曹長青的印象，事先設想，短則寫一、二萬字，長則四、五萬字，詎料不知不覺寫了十多萬字，最後寫成一本書。

當然，不是我會寫，而是曹長青關注的人事之適時博泛、介入的議題之深廣豐贍超過我的預估。近四十年間，曹長青寫了逾千篇長長短短的文章，對探寫者而言，自然是一座巨大富茂的「文礦」。卷帙浩繁洋洋灑灑的「礦」上，印著曹長青宵衣旰食孜孜矻矻的身影。我在「礦」中費時揀煉耙梳，進一步確認曹長青為我「代言」的實感，我們竟然在那麼多事上「異口同聲」，在那麼多時辰不見面地「潛心暢敘」……我的測判沒錯，我們是不擔虛名的莫逆之交，我彷彿一直在借他之口表現情思。

當然，那些文字更多地煥彰著曹長青的人格心性：其中有表達思想理念的激情；有對文學研究的趣味；對是非曲直的辯議；對人間不平的掊擊；對冉弱族群的憫恤；對英傑壯士的詠歎；對奸佞小人的韃伐；對偽善作秀的憎嫌……我

竭誠想向讀者介紹得詳盡點、再詳盡點，但限於一本書的篇幅，只能挂一漏萬擷其精華地敷展。

　　幸好，在曹長青成百逾千文章中，貫穿其中的犖犖大者，不外乎反復弘揚詮釋他的政治理念和價值觀：以資本主義、自由民主抗衡共產主義、獨裁專制；以傳統保守主義的右翼抵禦激進自由主義的左翼；以特立獨行的個人主義頡頏互相依從的集體主義；以眞誠求善拒斥虛僞作秀等等。於曹長青而言，它們分屬楚漢二界，各站涇渭一邊，沒有中間地帶，不能騎牆搖擺；沒有模棱兩可，不能曖昧含混。

　　因此，他持守的立場少不了遭拗阻，他明宣的理念，有人會覺得是主觀臆斷、自以爲是；他秉常的原則，有人會認爲是固執己見、剛愎自用。有時，他的文章一出，就現「時人見我恒殊調，聞餘大言皆冷笑」的情景。最近的例子是，在俄烏鏖戰的敏感時刻，曹長青去揭〈蒲亭的眞面目〉，似存爲蒲亭（台譯普丁）「鳴冤正名」之意，大有闖滑鐵盧險境之膽。

　　文章以美國著名電影導演奧利弗・斯通前後三年九小時採訪蒲亭的內容爲依據，從多角度爲西方媒體上的蒲亭形象辯誣：

　　——蒲亭承認蘇聯體制的失敗，不認可共產主義。
　　——蒲亭當總統後，俄國經濟快速發展，人均收入從三百美元增至一萬多美元，失業率從蘇聯解體時的逾百分之十三降至百分之五左右；媒體大多數私營，

沒有網路防火牆，俄國人享有言論自由。

──蒲亭通過國會立法，禁止清算前國家領導人，避免了黨爭惡鬥，讓戈巴契夫、葉爾欽等人能安度晚年。

──蒲亭不貪權，他曾拒絕當葉爾欽的接班人。而他的四屆總統兩屆總理都通過修憲實行，而修憲都經過全民公投，還都以超過百分之七十的高票通過。

倘若上述澄清基本符合事實，那麼關於俄烏戰爭的論述必然引發巨大爭議，曹長青認為：

──蘇聯解體後，俄國一度毫無保留地相信美國和西方，蒲亭說，他們跟美國和西方都是朋友、盟友、一家人了。但美國卻繼續抱冷戰思維，認為敗北的俄國應似日本對美俯首稱臣。以美國為首的北約食言，以敵視俄國的心態東擴了十四國還不甘休，一直煽動烏克蘭和俄國對抗，不惜推翻民選親俄的烏克蘭總統，讓俄國人民感到被「欺騙和背叛」。美國支持科索沃從南斯拉夫獨立，卻反對俄國人占多數的克里米亞有權選擇自治或獨立，是典型的「雙重標準」。所以，俄烏一戰是俄羅斯過去三十年被美國一步步逼到牆角後的被迫回擊，美國是挑起戰爭的源頭，烏克蘭是作為美國代理人與俄國作戰。俄烏戰爭符合美國削弱俄國以維持唯一超強地位的政策，所以兩黨都不主

張去調停中止。對此，認可美國「世界警察」角色的人也開始質疑，美國在全球軍事行動的目的：「推廣民主」和「保持霸權」，到底哪個是主要的？

曹長青最欽佩蒲亭以宗教信仰和傳統價值觀對抗西方左派的舉措：俄國立法規定，成人對未成年人宣揚同性戀、變性等違法；蒲亭公開批評瑞典環保女孩桑伯格，強調對氣候問題要專業化、不要情緒化；抨擊西方左派熱衷男女平權、取消性別；西方國家推行國有化就是搞列寧、史達林式的社會主義等。

蒲亭戳到了西方左派的軟肋，成為西方左派聯盟的最大威脅，也就不斷被左媒妖魔化。所以，捕風捉影鬧出川普的通俄門；鋪天蓋地指控蒲亭干預美國大選，還耗費巨額公帑追查，結果都是烏龍。而拜登腐敗兒子杭特真實的淫穢視頻，卻被美國左媒說成是俄國製造的假消息。西方左派對蒲亭和俄國的詆毀，已超出常人想像。

如同西方左媒獵巫式尋找蒲亭的「罪證」是極具偏見的一面之詞，曹長青引述的斯通等人洗脫潑在蒲亭身上污水的證詞是另一面之詞，也有許多疑問需要解答。

蒲亭執政後，對內採取弱化地方自治，強化中央極權的政策；司法系統的獨立地位不進反退；經濟上的國進民退也有數據可查；西方媒體報導蒲亭坐擁兩千億美金尚無憑證，但從他的手錶及著裝的豪奢絕不是他所宣稱的「兩袖清風」……當然，蒲亭所做的一切的一切，包括入侵烏克蘭都

得到俄國七、八成民意的支持，所以，說蒲亭是獨裁者似乎不能成立，但從蒲亭與下屬開會的陣勢看，他確鑿無疑地顯示著非民主的強人統治形象。

蒲亭被詬病的對外政策更難推諉：他與中共不僅互相利用，還是北韓、伊朗、敘利亞、委內瑞拉等流氓國家共同的後台；他不甘心蘇聯解體、試圖恢復俄羅斯帝國當年雄風的野心表露無遺；所以波羅的海三國及東歐國家恐俄並非由美國挑撥；他的對抗西方左派墮落值得稱道，但其中多少是回歸東正教及斯拉夫沙文主義也令人存疑；這次本可讓烏東地區先爭取公投決定去留，必要時才先禮後兵，但他卻採用武力入侵主權國家烏克蘭這個下下策，在已經習慣和平的世界必然失道寡助，他的個人形象也隨之崩塌。別說由他來拯救被左派破潰的世界，這一戰下來，輸贏暫且不論，西方左派勢力藉此只會更加鞏固擴張。

儘管如此，就像曹長青接受斯通的論述，我理解曹長青的觀感，他以全球視野縱覽局勢評斷俄烏戰爭的因果。

蘇聯解體後，美國犯了戰略性大錯，在俄國一心嚮往西方依從美國時，美國沒及時放出和平鴿伸出橄欖枝，通過經濟救援以助俄國完成政治轉型。相反，愚不可及地這邊防範欠成熟的民主俄國；那邊卻扶持獨裁中共發展經濟，以致養虎遺患，如今回天乏術，還把蒲亭推向習近平。及至川普總統上台試圖扭轉頹勢聯俄制中，又被民主黨攪黃爛尾，最終引發目下的亂局。

更有甚者，鐵腕川普非但沒能力挽狂瀾，反而屢遭左

派政治迫害。本來歐洲日漸強勢的左傾已無法遏止，尚有美國作中流砥柱阻擋一下。誰知，近年美國左派的敗行不亞於歐洲，讓美國陷入喪失國本的危機，整個世界也必將由左派一統天下。

因此，曹長青寫下極憤之言：「西左是披著『政治正確』光鮮外衣的希特勒，在用思想的毒氣室，毒化億萬人民，摧毀世界。」「戈巴契夫、葉爾欽、蒲亭人品都很好，是壞制度裏的好人，而美國的拜登、裴洛西、希拉蕊等，則是好制度下的壞人。品德好的人，可以把壞制度變好；同樣，品德壞的人，也可以把好制度變壞。」

這是曹長青無法克制的對左禍的深惡痛絕；對走下坡路的世界的蒿憂不安，他焦慮慍急地切望出現對抗西方左翼的力量，挺身反西左的蒲亭正合他的意。

曹長青說，「蒲亭究竟是個什麼人，歷史還在繼續寫。」是的，或許到戰爭結束，或許到蒲亭下台，〈蒲亭眞面目〉的謎底才會徹底解開……但無論蒲亭的全貌如何，曹長青已因此文被不少人惜歎「晚節不保」。

我卻不以爲意。言者忽略了曹長青在〈蒲亭眞面目〉中的另一面，他不盲目追隨美國獨霸世界的「雄心」，發問：「一（美）國獨霸對世界和平眞是好事嗎？」他可是「極端親美份子」啊！居然懷疑美國行動的用心和在世界中的價值。可見，曹長青還是那個曹長青，此文依然宣示了他的特立獨行：哪怕千人之諾諾，我甘當諤諤之一士。在歷史進程的緊要關頭，曹長青頂風逆流我行我素，堅守並踐行自

己的理念。所以，談不上「晚節不保」，因他根本沒保晚節的自覺。

　　台灣資深媒體人卜大中說，「如果西方有了良心——法拉奇；中國也有了良心——曹長青」。曹長青夠不夠當中國的法拉奇，我不作定論，但法拉奇一直得到曹長青仰之彌高地追慕，他說，「作爲新聞記者，以及任何要從事新聞寫作的人，不僅在讀法拉奇的書時，而是一生都要記住那兩個字母，永遠對權勢者說No：挑戰權力，拒絕諂媚！」他爲蒲亭「湔雪」，就是法拉奇式的一次實戰。

　　「文章驚世知名早，意氣論交相得晚」，從在《深圳青年報》編輯、撰寫反體制的驚世新論，到「冒天下之大不韙」爲蒲亭「說項」，步入古稀的曹長青不減當年勇，不從眾不媚俗地愕人如故。好在已是杖朝、鮐背、期頤都不奇的時代，人到七十仍來日方長，理應慨當以慷，志存高遠，況有「朝聞道，夕死可矣」的超脫墊底，倘若蒲亭的收場判定他今朝的偏頗，他日他何懼自我匡謬，自我修繕（善）。

　　「如我與君稀」。我與曹長青雖意氣相投，卻未交淺言深，本書輯文僅是彼此論交的伊始。以他狷介爽直的稟性，他還會不斷「新編故事」，我也許還會爲他也爲讀者再著續篇。

　　是爲跋。

國家圖書館出版品預行編目資料

鳳毛麟角曹長青/喻智官著.
-- 初版. -- 臺北市：前衛出版社, 2023.08
256面；15×21公分

ISBN 978-626-7325-30-8（平裝）

1. CST: 曹長青　2.CST: 傳記

785.28　　　　　　　　　　　　112011686

鳳毛麟角曹長青

作　　者　喻智官

責任編輯　番仔火
封面設計　大觀視覺顧問股份有限公司
美術編輯　宸遠彩藝

出 版 者　前衛出版社
　　　　　地址：104056 台北市中山區農安街153號4樓之3
　　　　　電話：02-25865708｜傳眞：02-25863758
　　　　　郵撥帳號：05625551
　　　　　購書‧業務信箱：a4791@ms15.hinet.net
　　　　　投稿‧代理信箱：avanguardbook@gmail.com
　　　　　官方網站：http://www.avanguard.com.tw
出版總監　林文欽
法律顧問　陽光百合律師事務所
總 經 銷　紅螞蟻圖書有限公司
　　　　　地址：114066 台北市內湖區舊宗路二段121巷19號
　　　　　電話：02-27953656｜傳眞：02-27954100
出版日期　2023年9月初版一刷
定　　價　350元

I S B N　978-626-7325-30-8
E-ISBN　978-626-7325-35-3（PDF）
　　　　　978-626-7325-34-6（EPUB）

＊請上「前衛出版社」臉書專頁按讚，獲得更多書籍、活動資訊
　https://www.facebook.com/AVANGUARDTaiwan